한자 이야기

한자 이야기

초판인쇄 2021년 10월 15일 **초판발행** 2021년 10월 25일

지은이 아쓰지 데쓰지 **펴낸이** 류민화 **펴낸곳** 소명출판 **출판등록** 제13-522호

주소 서울시 서초구 서초중앙로6길 15, 2층

전화 02-585-7840 **팩스** 02-585-7848

전자우편 somyungbooks@daum.net **홈페이지** www.somyong.co.kr

값 12,000원 ⓒ 소명출판, 2021

ISBN 979-11-5905-582-9 03700

부산대학교 일본연구소 번역총서 5

한자 이야기

The Story of Chinese Character

아쓰지 데쓰지 지음 | 류민화 옮김

차례

세계 문자 속의 한자

말과 문자

유인원에서 인류로 진화하게 된 계기가 바로 서서 걷고 손으로 도구를 사용하며 불을 관리할 능력을 갖게 된 것이라면, 문명이 성립되어 발전하는 계기가 된 것은 문자의 발명이었다고 해도 과언은 아닐 것입니다.

사람은 누구나 자신의 언어를 가지고 있습니다. 예를 들면 언어를 구사할 때 필요한 신체적 기능이나 기관에 장해가 있어 일상생활에서 말을 잘하지 못하는 사람도 태생적으로 모어母語는 있습니다. 그렇기 때문에 그 사람들도 좋아하는 책이나 잡지를 읽거나 친구에게 편지를 쓸 수 있는 것입니다.

그러나 말이라는 것은 원래 목의 성대가 공기를 떨어서 발생시킨 음성의 연속으로 입에서 나온 순간 벌써 소멸해 버리기 때문에 녹음기 같은 기계를 이용하지 않는 한 보존할 수는 없습니다. 또 인간은 아무리 큰 소리를 내더라도 그 소리가 미치는 범위는 제한되어 있습니다.

입에서 나온 말은 목소리가 미치지 않을 정도의 먼 곳에 있는 사람에게는 전달할 수가 없습니다. 때문에 인류는 문자가 발명되기까지의 오랜 시간 동안 사람과 사람이 직접 얼굴을 마주할 때나, 목소리가 미치는 범위 내에서, 말하는 음성을 실시간으로 들을 수 있는 경우에만 서로가 의사소통을 할 수 있는 상황에 있었습니다.

시간과 공간을 초월하는 문자

문자란 어떤 특정 언어를 표기하기 위해 개발된 부호시스템이며, 이것을 사용함으로써 입에서 내뱉고 순간적으로 사라져 버리는 음성에 의한 말을 '기록'이라는 형태로 눈에 보이는 것으로 정착시킬 수 있었습니다. 기록된 말은 그 문자에 관한 약속 사항을 아는 사람이라면, 기록된 내용을 읽고 적혀 있는 정보나 지식을 공유하는 것이 가능한 것입니다.

다행스럽게도 문자가 기록된 소재 대부분은 부피가 그다지 크지 않습니다. 건물 벽면이나 산의 바위 표면 등에 기록된 문장, 혹은 커다란 돌비석에 새겨진 경우를 제외하고는 기록을 먼 곳으로 옮기는 것도 어렵지 않았습니다.

그렇기 때문에 문자는 인류의 문명을 전파시키는 수단으로 기능하게 된 것입니다. 세계 고대문명은 대부분의 경우 독자적인 문자를 가지고 있으며 그것을 사용하여 수많은 기록을 남겼습니다.

문자는 동시대에는 공간을 뛰어 넘을 수 있는 수단일 뿐만 아니라 시간 축을 따라 운행하는 것도 가능하였습니다. 기록된 문자가 전승된 지식을 후세에 전달할 수 있고 반대로 후세의 역사가들은 고대의 유적 등에서 발견된 문자를 읽고 과거의 상세한 상황을 알 수가 있습니다. 문자야말로 인류 역사상 무엇보다도 위대한 발명이었다고 해도 과언은 아닐 것입니다.

무문자사회 - 잉카와 아이누문화

인간이 소통하는 언어가 과연 어느 정도 있을지 그 수를 정확하게 계산하는 것은 매우 어려운 일입니다. 어느 언어학자의 통계에 의하면 지금까지 존재한 언어는 약 7천 종류 정도로 현재 지구상에서 사용되는 것으로 제한하면 대략 3천 종류의 언어가 있습니다(이에 대한 이설도 많이 있습니다). 그러나 이들 언어를 표기하기 위한 문자를 보면 그 수는 훨씬 적어 대략 400여 종으로 추정됩니다.

400여 종에는 '히에로글리프'라는 이름으로 알려진 고대이집트의 상형문자나 점토판에 새겨진 메소포타미아의 설형문자와 같은 고대문자, 혹은 거란족이 중국북부에 세운 요왕조(916-1125년)에서 사용한 '거란문자', 멕시코에서 중미에 걸쳐 6세기 이후에 번영한 마야문명에서 사용된 '마야문자'와 같이 아직 완전하게 해독되지 않은 문자도 포함되어 있습니다. 즉 동서고금에 존재한 모든 문자의 총수를 대략 400여 종으로 추정할 수 있습니다.

이와 같이 문자의 종류가 언어 수에 비해 10분의 1 정도밖에 되지 않은 것은 이유가 있습니다.

그 이유의 하나는 '문자를 갖지 않는 언어'가 있기 때문입니다. 세계의 어떤 언어라도 '음성만 있고 문자가 없는 언어'는 있어도 반대의 경우, 즉 '문자만 있고 음성을 갖지 않는 언어'는 존재하지 않습니다. 문자를 갖지 않는 언어가 사용되는 곳에서는 소위 '무문자사회'가 형성됩니다.

문자가 없거나 혹은 문자를 사용하지 않는 사람들과 사회에 대해서 지금까지는 '미개하고 더딘 상태'라고 여겨 왔습니다. 그러나 이것은 문자를 가진 세계에서 상대를 경시한 일종의 차별과 편견에 근거한 사고방식이라고 할 수 있습니다. 문자가 없는 세계는 문자를 가진 세계와는 완전히 질을 달리하는 의사소통 방식이 있기 때문에 문자는 반드시 '문명적인 세계'와 '야만적인 세계'를 나누는 지표가 될 수 없습니다.

무문자사회이면서 문명을 발달시킨 가장 대표적이고 유명한 예는 일찍이 남미대륙에서 화려하게 꽃핀 잉카문명일 것입니다.

페루 남부 쿠스코분지를 중심으로 15세기부터 16세기 초까지 번성했던 잉카제국의 문화는 너무나도 화려한 데다가 고도로 발전된 것이었습니다. 그러나 잉카 사람들은 문자를 전혀 사용하지 않았습니다. 그들은 문자 대신 '결승結繩'(밧줄을 묶어 여러 가지 사항을 기록하는 방법)을 사용하여 많은 기록을 남겼습니다.

잉카 사람들은 문자뿐만이 아니라 철로 도구를 만들 줄도 몰랐으며 기본적으로는 신석기 단계의 물질문화를 유지하고 있었습니다. 또한 수레車라는 도구도 만들지 못하였습니다. 그렇지만 도로 건설이나 비각飛脚제도인 통신연락은 상당히 발달되어 있었습니다. 철 이외의 금속을 다루는 야금술이 널리 이루어져 청동기를 이용하여 장식품뿐만 아니라 공구工具나 농기구 등 생산 활동을 위한 도구를 많이 제조하였습니다. 잉카문명의 질은 결코 저급하지 않았으며 상당히 높은 수준으로 정교한 석공술을 이용한 장대한 신전이나 궁전 등이 지금도 쿠스코 시내를 비롯하여 주변에 많이 남아 있습니다.

그 외에도 '무문자사회'에서 고도의 문화를 전개한 예로 일본의 선주민족인 아이누민족의 문화가 있습니다.

아이누민족은 홋카이도北海道를 중심으로 소박함 속에 강인함을 품은 문화를 오랜 기간에 걸쳐 꽃피워 왔습니다. 아이누어는 제2차 세계대전이 종결될 때까지 사할린 남부와 구나시리國後・에토로후擇捉 등 이른바 '북방영토'에서 일상적으로 사용되었지만 문자는 전혀 사용되지 않았습니다. 그러나 아이누족의 '유카르'라고 불리는 아름다운 장편 서사시는 구전으로 전승되어 왔습니다. 또한 수렵채집 생활에 뿌리내린 소박하고 강인한 문화를 펼쳐 나갔습니다. 예술적으로 세련된 아이누 민예는 근세 이후 염직染織공예가, 세리자와 게스케芹沢銈介(1895~1984) 등의 작품 속에 반영되어 지금도 많은 사람들에게 감동을 주고 있습니다.

현재의 아이누어는 홋카이도에 소수의 화자가 있을 뿐 일상생활에서는 거의 사용되지 않습니다. 그러나 최근에 아이누문화의 보존과 부흥의 기운이 고조되는 가운데 언어 부흥운동이 전개되어 적기는 하지만 새로운 화자를 육성하고 있다고 합니다. 이 언어는 메이지明治시대 이후 문헌에 의한 기록을 남기기 위해 로마자나 가타카나 등으로 표기되었으며, 나아가 보다 정확하게 표기할 수 있도록, 예를 들면 '토ㅏ'에 반탁점을 붙인 가타카나를 만드는 등 여러 가지 시도가 이루어지고 있습니다.

복수의 언어를 기록하는 문자

문자의 종류가 언어에 비해 극히 적다는 사실은 앞에서 언급한 바와 같이 무문자사회의 존재가 있기 때문이기도 하지만 그것보다 오히려 더 큰 이유는 하나의 문자가 복수의 언어를 기록하는데 사용되었다는 것입니다.

예를 들면 서유럽에 위치한 여러 나라에서는 영어를 비롯하여 프랑스어, 독일어, 포르투갈어, 이탈리아어, 스페인어 등이 사용되며 이들은 각각 다른 언어이지만, 표기하기 위한 문자는 '알파벳' 혹은 '로마자'라고 부르는 라틴문자 한 종류뿐입니다.

마찬가지로 러시아어나 우크라이나어, 불가리아어 등 슬라브어 계통에 속하는 언어는 모두 '키릴문자'(《그림 a》)라는 문자로 표기됩니다. 이것은 원래 고대 불가리아어(고대 교회 슬라브어) 표기에 사용되던 문자였습니다. 9세기에 그리스 전도승 키릴로스(콘스탄티노스라고도 부른다)와 메토디오스 형제가 그리스정교를 포교하기 위해 복음서를 번역했을 때, 그리스문자의 대문자 모양에 근거해서 만든 문자입니다. '키릴문자'는 앞에 언급한 언어 외에 지금은 세르비아어, 마케도니아어 등의 표기에도 사용됩니다.

〈그림 a〉 키릴문자로 쓰여진 러시아 신문 『이즈베스챠』(인터넷 신문)

일본인의 언어생활에 없어서는 안 될 한자는 중국에서 생겨난 문자입니다. 그러나 지금 한자는 중국어 이외에 일본어나 한국어를 표기하는 데 사용되며 이전에는 베트남에서도 언어 표기에 사용되었습니다.

언어 수에 비해 문자의 종류가 극히 적은 것은 이런 이유 때문입니다.

문자의 역사

고고학과 역사학 자료에 따르면 세계에서 처음으로 문자를 사용한 것은 문명의 발상지라고 불리는 고대 바빌로니아에서 도시국가를 이룬 수메르인이었다고 합니다.

메소포타미아 남부 유프라테스강 왼쪽 기슭 저지대에 있는 '우르쿠Uruk유적'(현재 지명으로는 왈카Warka)에서 1920년대 말기부터 발굴이 이루어졌는데 그 과정에 '제4층'으로 불리는 지층에서 모두 570개의 작은 점토판이 발굴되었습니다. 이것은 대략 기원전 3500년부터 3000년 사이의 것으로 추정되는데, 표면에 '고졸古拙문자'라고 불리는 문자(〈그림 b〉)가 새겨져 있던 사실이 주목을 끌었습니다. 이 문자가 발전하여 '설형楔形문자'가 되지만 이 단계에서 문자는 원시적인 상형문자로 적혀 있습니다. 이것이 현재 세계에서 가장 오래되었다고 생각되는 문자입니다.

<그림 b> **고졸**(古拙)**문자**(이라크 국립박물관)

한편 메소포타미아와 함께 오래된 문명으로 어깨를 견주는 이집트에서도 기원전 3000년 전후부터 문자를 사용한 듯합니다. 히에로클리프Hieroglyph로 불리는 고대이집트 문자(<그림 c>)는 극히 회화적이라서 얼핏 보면 문자인지 그림인지 구별되지 않기도 합니다.

실제로 이 문자는 파피루스문서나 궁전 벽화 등에서 색채가 풍부한 문자가 회화와 맞물려 지극히 아름다운 장식으로 느껴집니다. 이집트에서는 처음에는 왕의 주변을 중심으로 문자가 사용되기 시작하였습니다. 회화에 가까운 히에로클리프를 신전 벽면 등에 그리면, 보는 자들은 위엄을 느끼게 되고 아름다운 장식적 효과를 발휘할 수도 있었습니다. 그러나 현실적으로 정치와 경제활동, 혹은 법률 등 실무적인 면에서 문자가 빈번하게 사용됨에 따라 회화적인 문자로는 기록하는데 시간이 걸

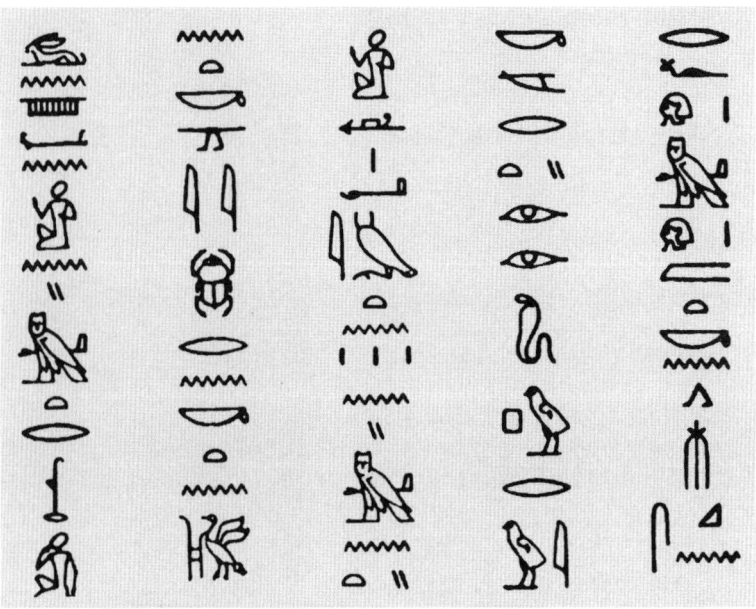

〈그림 c〉 히에로클리프(中西 홈페이지 www.nacos.com/moji)

리고 업무 능률이 오르지 않았습니다. 그래서 실무를 담당하던 서기 등이 히에로클리프를 간략화한 서체를 만들었습니다.

이집트 문자는 그 후 더욱 간략화 된 서체로 변화하면서 장시간에 걸쳐 사용되어 왔습니다. 그러나 최종적으로는 누구 하나 그것을 읽고 쓸 수 있는 사람이 없는 '사死문자'가 되었습니다. 현대 메소포타미아지역이나 이집트에서는 고대문자와 아무런 '친척관계'도 갖지 않는 완전히 다른 종류의 문자가 사용되고 있습니다.

문자 단절

한 지역에서 사용되는 문자가 시대에 따라 변한다는 것은 결코 드문 일이 아닙니다. 고대 이집트나 메소포타미아 문자의 경우는 다른 부족에 의한 침략과 정복이라는 형태로 단절되었습니다. 그러나 문자단절의 원인에 있어서 전쟁 이외의 여러 가지 정치적 요소가 관계하는 경우도 있습니다.

예를 들면 일찍이 몽골인민공화국은 1921년 건국 이래 구소련으로부터 강한 문화적 영향을 계속 받았고, 몽골어 표기에도 러시아어(슬라브어)를 표기하는데 사용하는 키릴문자를 사용하게 되었습니다. 몽골인민공화국은 소련에 이어 오랜 역사를 지닌 사회주의 국가였지만 1991년에 일어난 소련연방 붕괴의 영향을 받아 몽골에서도 1992년에 신헌법을 공포하면서 70여 년에 걸쳐 유지되어 온 사회주의체제를 버리고 공화제에 의한 민주주의국가로서 다시 태어났습니다. 국명을 '몽골인민공화국'에서 '몽골국'으로 고치고, 국기도 새로운 디자인으로 바꾸고 신국가건설을 진행시키고 있습니다. 그리고 지금까지 키릴문자로 표기하던 것을 그만두고 그들 본래의 민족문자인 몽골문자(횡서로 왼쪽에서 오른쪽으로 진행) 표기로 되돌리려는 운동이 일어났습니다.

다만 일상적으로 사용하는 문자를 전면적으로 바꾸는 것은 하루아침에 할 수 없기 때문에 순조로운 진행에 어려움이 있는 것 같지만 몽골의 움직임은 과거에 한 번 버린 문자를 다시 부활시키려는 매우 드문 경우에 속한다고 할 수 있습니다.

일본에는 원래 고유 문자가 없어서 일본인이 일본어를 표기하기 위해 처음 사용한 문자는 중국에서 사용하던 한자였습니다. 이후 일본인은 한자를 개량하여 가나假名라는 고유의 민족문자를 발명했습니다. 가나의 발명은 지금으로부터 천 년 이상이나 오래된 일로 일본에서는 현재에 이르기까지 한자와 가나라는 두 종류(가나를 더 세분화하면 세 종류가 됩니다)를 적절하게 구별하여 문장을 쓰고 있습니다.

세계에서 가장 오랜 역사를 지닌 한자

같은 문자를 계속 사용해 온 것은 일본뿐만이 아니라 한자의 본가인 중국에서도 마찬가지입니다. 한자는 3천 년 이상의 역사를 지니고 있지만 중국에서 한자는 기본적인 시스템을 바꾸는 일 없이 계속 사용되고 있습니다. 한자는 세계에서도 손에 꼽을 만큼 오랜 역사를 지닌 문자이며 현재에 이르기까지 방대한 수의 인간이 읽고 사용한 문자는 한자뿐인 것입니다.

표의문자와 표음문자

시간의 흐름에 따라 사용된 문자를 생각해 보면 가장 오랜 역사를 지닌 것은 한자였습니다. 다음으로 각 시대별로 세계에 사용된 문자의 모습을 생각해 봅시다.

현재 세계에서 사용되고 있는 주요 문자로는 우선 서유럽과 남북아메리카, 남반구와 아시아 몇 나라에서 사용되는 라틴문자가 있고, 구소련과 그 영향을 받은 동유럽 국가에서 사용되고 있는 키릴문자가 있습니다.

물론 동아시아에 있는 중국과 일본은 한자입니다. 같은 아시아 지역이라도 인도에는 매우 다양하고 복잡한 양상을 띠는 인더스 계통의 문자를 사용합니다. 또 아라비아반도 주변에는 아랍문자 문화권이 있습니다.

아랍문자는 기원후 수세기 동안 아라비아반도 북부에서 만들어졌다고 하지만 이슬람교의 부흥과 침투에 따라 『코란』이 각지에서 읽혀지게 되고 그에 따라 아랍어와 아랍문자는 이베리아반도에서 아프리카와 아시아로 확대되었습니다. 그 결과 각지의 언어가 아랍문자를 사용하여 적절하게 변화를 주면서 표기할 수 있게 되었으며, 지금은 아프리카의 스와힐리어, 하우사어, 베르베르어 등, 또 아시아의 터키어, 말레이어, 우루두어, 파슈토어, 페르시아어 등의 표기에도 사용되게 되었습니다(단 현재에는 아랍문자에서 라틴문자로 바뀐 곳도 있습니다).

앞서 언급한 문자는 모두 수억 명 혹은 수십억 명에 의해 지금도 사용되고 있는 규모가 큰 문자체계입니다. 그 외에 각 민족이 발명한 고유의 민족문자가 있는데 일본의 히라가나와 가타카나, 한반도의 한글, 몽골의 몽골문자 등이 그렇습니다.

이와 같이 세계의 문자는 실로 다양하며 여러 형태와 시스템을 지니고 있습니다. 이들 문자는 적는 방법만을 보더라도 횡서와 종서가 있습니다. 또한 같은 종서라도 라틴문자와 같이 왼쪽에서 오른쪽으로 진행하는 것도 있고, 아랍문자처럼 오른쪽에서 왼쪽으로 진행하는 것도 있습니다. 한자와 가나는 종서와 횡서가 가능한 문자로, 세계적으로 보면 이러한 문자는 드물며 대부분의 문자는 횡서 또는 종서가 처음부터 정해져 있습니다.

다양한 형태의 문자를 크게 나누어 보면 결국 표의문자와 표음문자라는 두 형태로 분류할 수 있습니다.

예를 들면 '전언傳言・전래傳来・전서구傳書鳩・전설傳説・전도傳道'라는 한자로 쓰인 다섯 단어는 모두 첫 번째 글자가 '傳'입니다. '傳'은 원래 '전달하다・건네다'라는 의미를 가진 문자이며 다섯 단어에서 '傳'은 '전달하다・건네다'라는 공통의 의미로 사용되고 있습니다.

한편, 마찬가지로 'cat·call·club·cook·cow'라는 영어 다섯 단어를 나열해 봅시다. 이들 각 단어 처음에 'c'가 있습니다. 그러나 한자 예에서는 '傳'에 공통된 의미가 있었던 것에 비해 'c'에서는 공통된 의미를 찾아낼 수가 없습니다. 이 다섯 단어에 사용된 'c'는 단지 입으로 이야기하는 언어의 음성을 나타내는 문자에 지나지 않습니다.

이것이 표의문자와 표음문자의 차이입니다. 잘 알려져 있듯이 지금은 표음문자의 대표로 여겨지는 라틴문자도 처음 만들어졌을 때에는 각각의 문자가 고유한 의미를 지닌 표의문자였습니다. 예를 들면 A는 두 개의 뿔을 가진 소를 본뜬 상형문자이며 이것을 만든 페니키아인은 A를 '소ㅂ'라는 의미를 나타내는 문자로 사용하였습니다. 마찬가지로 B는 집 지붕을 본뜬 문자로 이것도 '집宀'이라는 의미를 나타내는 문자였습니다. 이들 문자는 본래 페키니아 언어를 나타내기 위한 표의문자였지만 다른 민족이 이 문자를 빌어 자신들의 언어를 표기하는데 있어서는 발음만을 사용하고 의미는 무시하였습니다. 이렇게 해서 라틴문자는 표음문자로의 길을 걷게 된 것입니다.

라틴문자와 같이 처음 만들어진 단계에서는 표의문자로 사용된 문자는 많이 있지만, 반대로 처음부터 표음문자로 사용된 일본의 가나나 한국의 한글 등은 소수에 불과합니다.

문자는 원래 각각의 글자가 고유의 의미를 지니고 있었습니다. 그것이 다양한 원인으로 의미를 잃고 발음만을 나타내도록 바뀌어 왔습니다. 그리고 마침내 현재 세계에서 사용되는 중요한 문자 체계 속에서 지금도 표의문자로 존재하고 있는 것은 한자뿐입니다.

한자는 살아있는 고대문자

문자 연구에는 특히 유럽의 언어학자들이 지적한 '진화론'이 있습니다. 문자는 원시적인 그림문자에서 진화하여 최종단계에는 표음문자가 되었다는 것입니다.

유럽에서 사용되는 라틴문자가 실제 이와 같이 '진화'해 왔지만, 이 이론에 따르면 표의문자는 앞으로 계속 표음문자를 향해 진화하지 않으면 안 된다고 생각됩니다. 더 단적으로 말한다면 표의문자란 진화 과정에 있는 뒤처진 형태의 문자라고 할 수 있을 것입니다.

그러나 과연 이것은 바른 견해일까요? 한자가 지금도 표의문자로서 사용되고 있는 것은 문자의 모체가 되는 중국어를 표기하는데 가장 적절하였기 때문일 것입니다. 문자 자체만을 대상으로 해도 의미가 없으며 문자는 무엇보다도 먼저 언어와 밀접하게 맺어진 것이라는 사실에서 연구를 시작하지 않으면 안 됩니다.

만약 한자가 '뒤처진 형태의 문자'라면 왜 수천 년에 걸쳐 중국이나 일본에서 계속하여 사용될 수 있었을까요? 또 중국인이나 일본인은 왜 '뒤처진 문자'로 방대한 양의 문헌을 축적하고 고도의 문화를 발전시킬 수 있었을까요? 여기에는 분명 확실한 이유가 있을 것입니다.

제1장

한자는 이렇게 탄생하였다

1. 한자의 탄생을 둘러싸고

문자는 누가 만들었나?

앞서 언급한 바와 같이 세계에는 동서고금을 합해 약 400종류의 문자가 존재하였으며 동양 사회에서 가장 영향력이 컸던 것은 말할 필요도 없이 한자였습니다. 그러나 한자가 언제, 중국의 어느 곳에서, 어떻게, 누구에 의해 만들어졌는지 정확한 것은 아직까지 수수께끼로 남아 있습니다.

기원을 확실하게 모르는 문자는 한자만이 아닙니다. 문자란 근원적으로 발명 연대나 발명자에 대해서는 잘 모르는 부분이 많습니다.

물론 그중에는 만들어진 연대나 만든 사람의 이름을 확실하게 알 수 있는 문자도 있습니다. 예를 들면 티베트계의 탕구트족이 세운 서하국西夏國에서 1036년에 공포되고, 이후 약 400여 년에 걸쳐 사용된 '서하문자'(총 6천여 자 정도가 있습니다)는 야리인영野利仁榮이라는 사람이 서하국왕 이원호李元昊의 명을 받아 만든 사실이 알려져 있습니다.

또 몽골족이 세운 왕조 '원元'에서 공용문자로 사용된 '파스파 문자'는 이름대로 원나라의 국사國師라고 불리는 승려 파스파八思巴 (1235~1280)가 세조世祖 후빌라이의 명을 받아 1269년에 만든 문자라는 사실이 알려져 있습니다.

이 외에도 한국어 표기에 사용되는 '한글'도 1443년에 이조 제4대 세종의 명으로 만들어져 1446년에 『훈민정음』이라는 책으로 공포한 것입니다. 이들 문자는 모두 만들어진 연대와 만든 인물이 대개 분명합니다.

그러나 이러한 문자는 오히려 예외적인 것으로 세계의 대부분의 문자는 제작연대나 만든 사람의 이름도 모르는 것이 보통입니다. 더구나 한자는 세계 유수의 고대문자이며 그 탄생 경위는 길고 긴 역사의 아득히 먼 곳에 가려져 있습니다.

결승結繩이라는 방법

다만 한자 탄생에 대해서는 옛날부터 전설이 있습니다. 그 전설에는 문자발명 이전 시대에 대한 것과 발명 그 자체에 대한 것 두 종류가 있는데 먼저 한자가 발명되기 전에는 '결승'이라는 방법이 사용되었다고 합니다.

결승이란 밧줄을 다양한 형태로 묶어 매듭의 수나 모양을 기억이나 기록 수단으로 하는 방법입니다. 상당히 원시적인 기록법이지만 무문자사회에서는 이 방법이 사용되는 경우가 자주 있었습니다.

결승으로 잘 알려진 것은 앞에서도 언급한 잉카제국의 '키푸quipu'가 있습니다. 잉카제국을 멸망시킨 것은 피사로Francisco Pizarro가 이끈 스페인 사람들이었는데, 그들이 16세기에 잉카제국에 들어왔을 때는 잉카 각지에서 결승이 보편적으로 사용되고 있었다고 합니다. 문자가 없던 잉카에서는 키푸가 문자를 대신하는 기록방법으로 사용되고 있었으며, 국내의 인구조사나 군대의 인원수, 혹은 곡물창고의 저장량, 채금량 등 각종 다양한 것을 기록하고 통계를 내었다고 합니다.

중국에서도 문자가 발명되기 전에는 이러한 결승이 사용되었다는 이야기가 『주역』(계사전繫辭傳) 등의 문헌에 기록되어 있습니다.

다만 결승의 실제 유물이나 그것이 사용된 흔적 등이 전혀 남아있지 않기 때문에, 역사적으로 사실인지 지금으로서는 확인할 수가 없습니다.

한자 발명에 대한 전설

결승에 이어 마침내 문자가 등장합니다. 이것 또한 전설이지만, 한자는 신화 속의 제왕인 황제를 모신 '창힐蒼頡'(또는 '창힐倉頡'이라고도 쓴다)이라는 인물이 발명했다고 합니다.

창힐이 어느 날 들판에 나가 보니 새랑 동물의 발자국이 땅 위에 잔뜩 남아 있었습니다. 발자국은 많이 있지만 실제 동물이나 새는 없었습니다. 그렇지만 땅위의 발자국을 잘 관찰해 보니 소라면 소, 까마귀라면 까마귀라고 그 발자국을 남긴 것이 어떤 동물인지 새인지 쉽게 알 수 있었습니다.

이처럼 땅에 남겨진 발자국으로 동물이나 새를 특정 지을 수 있는 것은 발자국에 각 동물의 특징이 잘 표현되어 있기 때문이었습니다. 그래서 발자국의 형태만 보고도 실제 동물이 눈앞에 없어도 사람은 그 동물을 뇌리에 떠올릴 수가 있는 것입니다.

이 사실을 깨달은 창힐은 발자국과 마찬가지로 다양한 사물의 특징을 잘 찾아내어 그것을 조형적으로 표현함으로서 그 사물을 나타내는 문자를 만드는 일에 성공했다고 합니다.

'소⏀'와 '양⏀'의 성립

앞의 이야기를 실제 한자에 맞춰서 생각해 봅시다. 예를 들어 소와 양을 보았을 때 두 동물의 차이로 제일 먼저 느끼는 것 중의 하나로 뿔의 형태가 있습니다. 여기에서 뿔의 형태를 각 동물의 지표Merkmal로 삼을 수가 있습니다.

이렇게 해서 소의 뿔을 형상화해서 그린 ⏀로 소를 나타내고 마찬가지로 양의 뿔을 그린 ⏀로 양을 나타내게 되었습니다. 또한 여기에 예를 든 자형은 모두 '갑골문자'(36쪽 이후에서 설명)에 사용된 실제 자형입니다.

이와 관련하여 초등학교 국어 수업에서는 '牛(소)'나 '羊(양)'이라는 한자는 상형문자라고 가르치고 있는 듯 하지만 이것은 소나 양의 모습을 본뜬 것은 아닙니다. 소나 양은 크기가 다르며 크기의 차이를 상형문자로 나타내는 것은 매우 어렵습니다. 그러나 뿔의 형태를 이용하면 두 동물의 차이를 확실하게 표현할 수 있습니다. '牛'나 '羊'이라는 한자에는 각각의 뿔의 특징이 잘 표현되어 있기 때문에 자형을 보면 금방 소나 양을 떠올릴 수 있는 구조입니다.

창힐蒼頡은 눈이 네 개!

창힐이 이렇게 한자를 발명했다라는 전설을 '창힐조자전설蒼頡造字傳說'이라고 부릅니다. 창힐은 땅 위 어디에서나 볼 수 있고 보통 인간이라면 전혀 신경 쓰지 않을 새나 동물의 발자국에 착안하여 문자를 발명하였습니다. 이 사실을 보면, 창힐은 사물을 보는 관찰안觀察眼이 매우 뛰어난 사람이었던 듯합니다.

창힐의 뛰어난 관찰안에 대해 고대 중국인들은 창힐에게 눈이 네 개 있었다고 표현했습니다. 사람에게 눈이 네 개 있다는 것은 황당무계한 이야기입니다. 그러나 그것을 믿었던 시대에는 전설을 역사적 사실로 인식하였으며 실제 그림으로 그려진 창힐의 얼굴에는 눈이 네 개 있습니다.

예를 들면 〈그림 1-1〉은 후한시대 묘 내부에 장식으로 만들어진 '화상석'(회화를 그린 석비)으로 두 명의 인물이 묘사되어 있는데 왼편 손에 붓을 쥐고 있는 인물이 창힐입니다(그림 바로 아래에 '창힐'이라고 쓰여 있기 때문에 금방 알 수 있습니다). 창힐을 잘 보면 얼굴에 눈이 네 개 그려져 있습니다.

〈그림 1-1〉 창힐이 그려진 '화상석畵像石'(탁본부분. 왼쪽 인물이 창힐)

중국에서 가장 오래된 문자?

전설은 이 정도로 하고 그럼 실제로 한자는 어떻게 탄생한 것일까요? 이것을 생각하기 위해서는 고고학의 성과에 의존하지 않으면 안 됩니다.

중화인민공화국의 고고학에서는 진시황제를 지하에서 지키는 방대한 병마용 군단을 비롯하여 종래 역사의 상식을 뒤엎고 세계를 경악시킨 대발견이 많았던 사실은 잘 알려져 있지만 문자의 기원에 관해서도 지금까지 큰 발견이 여러 번 있었습니다.

그중에서도 가장 중요한 발견은 1993년 봄에 발견된 산동성山東省 추평현鄒平縣 정공촌丁公村이라는 곳에서 출토된 토기 파편입니다. 토기 파편에 현존 최고의 한자인 '갑골문자' 이전의 문자가 기록되어 있는 것이 아닌가 하여 큰 화젯거리가 되었습니다.

이 토기 파편은 폭이 7cm 정도의 작은 것이지만, 표면에는 전부 11개로 분할되는 '문자'가 새겨져 있다는 것입니다. 이것은 산동대학 고고학 팀의 발굴조사에서 발견한 것이지만 발굴현장에서는 토기 파편에 '문자'가 있다는 것을 인식하지 못하였습니다. 이후 출토품을 정리하여 몇 개월 후에 토기를 씻는 작업 중에 발견한 것입니다.

이런 내막 때문에 위작僞作이라는 견해가 나오기도 하였지만 중국이나 일본의 많은 연구자는 대단히 중요하고 획기적인 발견으로 토기 파편에 주목하고 지금까지 다양한 견해를 밝혀 왔습니다. 중국 고고학에 있어서 가장 권위 있는 잡지로 알려진『고고考古』(중국사회과학원 고고연구소)에서도 저명한 고고학자나 문학자 20여 명이 '지상誌上 심포지엄'을 개최하는 등 이 자료를 놓고 지금까지 활발한 논의가 이루어지고 있습니다. 또 어느 연구자는 이것이 '이족彝族'이라는 소수민족의 고대문자로 쓰인 것이며 해독한 결과 신에 대한 제사에 사용된 문서로 추정된다는 해석을 내놓았습니다.

다만 연구자들의 진지한 노력에도 불구하고 이 토기 조각이 '중국에서 가장 오래된 문자'인가 아닌가에 대해서는 현재 단계에서는 단정지울 수 없습니다. 가장 큰 문제는 6천 장 이상에 이르는 토기 파편 중에서 '문자'를 새긴 것이 단 한 장밖에 발견되지 않았다는 것으로 같은 자료가 조금 더 발견된다면 새로운 연구의 진전이 있을 지도 모르겠습니다.

2. 한자의 선조 · 갑골문자

가장 오래된 한자

산동성에서 발견된 토기 조각을 시작으로 한자의 뿌리에 대해서는 잘 모르는 부분이 아직 많습니다. 그에 비해 기원전 1300년 전후부터 사용된 '갑골문자'는 현재 사용되고 있는 한자의 직접적인 선조인 것이 확실합니다.

고대 중국에 '하夏'라는 왕조의 존재 여부에 대해서는 아직 최종적인 결론이 나지 않았습니다. 일찍이 중국에서는 하夏 · 은殷 · 주周라는 세 왕조를 합하여 '삼대三代'라고 부르며, 모든 제도가 정비

된 이상적인 시대로 여겨지고 있습니다. 물론 은에 앞선 왕조로 하왕조가 존재하였을 가능성은 크다고 생각되지만 현재 상황에서는 그 수도가 어디였는지 아직 정설로 부를 만한 것이 없습니다. 근래에는 하남성河南省 등봉현登封縣에 있는 왕성강王城崗 유적이 하왕조의 창시자 우왕禹王이 도읍지로 정한 양성陽城의 흔적이라는 설이 있지만 그것에 대한 이설도 많습니다.

하나라에 대해서는 확실한 것이 없지만, 은왕조는 실제로 존재한 것이 확인되었으며 말기에는 한자가 사용되었던 것이 확실합니다.(은殷은 바르게는 '상商'으로 불러야 하지만 이 책에서는 일본에서의 통칭에 따라 '은殷'으로 표기합니다) 기원전 1300년 전후부터 1000년경에 걸쳐 사용된 '갑골문자'가 그것입니다.

세계 속의 고대국가와 마찬가지로 은나라도 종교적 관념이 매우 강한 나라로 전쟁이나 왕의 선조에 대한 제사는 물론, 또 농업생산 등 국가의 중요한 일을 시행하는 경우, 왕족의 출산이나 병, 혹은 바람이나 구름, 무지개 등의 자연현상, 나아가 '오늘밤 비가 올까?'라는 날씨 예측까지 인간의 사회생활에 관계된 사항에는 반드시 천상의 신('제帝'나 '상제上帝'라고 불렸습니다)의 의사를 물었습니다. 즉 이 시대에는 사람들의 일상적인 생활이 모두 신의 판단에 근거하여 이루어졌지만 신의 계시는 인간이 귀로 직접 들을 수는 없었습니다. 그래서 신의 계시를 알기 위해 점술이 이루어졌습니다.

점술 방법

고대 중국의 점ː이란 점쟁이가 하는 소위 '팔괘八卦'를 떠올리는 사람이 있을지도 모르겠습니다. 팔괘를 사용한 점은 '주역周易'으로 불리듯이 은나라를 쓰러트리고 세워진 주나라 시대부터 시작된 것입니다. 은나라는 '팔괘'가 아니라 거북이 등껍질이나 소 등의 동물 뼈를 사용하여 점을 쳤습니다.

거북이 등껍질은 등 중앙 쪽이 아니라 배 쪽 껍질이 사용되었습니다. 또 소 등의 동물 뼈는 견갑골을 많이 사용하였으나 늑골을 사용하기도 하였으며 대단히 드물게는 사슴뿔이나 인간의 두개골이 사용되기도 하였습니다.

실제로 점을 치는 방법은 우선 거북이 등껍질이나 소 등의 뼈(이하 이들을 총칭해서 '갑골'로 부르겠습니다) 안쪽에 타원형의 구멍을 여러 개 만들고 각 구멍의 바로 옆에 작은 홈을 팝니다. 홈의 중심부에 나무를 집어넣어 급격하게 열을 가하면 갑골 표면에 예리한 선 모양의 균열이 생깁니다. 균열의 진행방향에 따라 신탁에 대한 신의 계시가 나타난다고 은나라 사람들은 생각한 듯합니다. 더불어 'ㅏ'(점)이나 '兆'(징조)라는 한자는 균열의 모양에서 만들어진 상형문자입니다.

갑골 표면에 어떠한 균열이 생기면 '길吉'이고 혹은 '흉凶'이었는지는 유감스럽게도 지금으로서는 알 수 없습니다. 갑골이 처음으로 발견된 것은 지금부터 100년 정도 전으로 3천 년 이상이나 갑골은 줄곧 땅 속에 잠자고 있었습니다. 그 사이 지진도 있었고 지상에서는 끊임없이 인간들이 생활을 영위하고 있었습니다. 때문에 갑골은 출토 당시에는 거의 조각조각 깨져 있었으며 표면에 균열이 있어도 점술에 의해 생긴 것인지 혹은 땅속에 있을 때 생긴 것인지 좀처럼 구별할 수 없습니다.

문자의 기록방법

점을 다 치고 나면 갑골표면에 언제, 누가, 어떤 것을 점쳤는지를 기록하고 때로는 왕이 균열을 보고 판단한 길흉의 예측 및 점의 결과로 일어난 사건 등을 기록하였습니다. 그 문장에 사용된 문자를 '갑골문자'라고 합니다.

갑골은 매우 딱딱해서 문자를 구리나 옥으로 만든 칼로 새겼습니다. 갑골문자의 크기는 일정하지 않으며 그중에는 세로 길이가 3mm 정도밖에 되지 않는 아주 작은 문자도 있었습니다. 고대의 칼로는 이렇게 작은 문자를 새길 수 없었을 것이라 생각하여 고양이의 날카로운 이빨을 갈아서 새겼을 것이라고 생각한 사람도 있었지만 이후 발굴이 진행되면서 갑골문자를 새긴 것으로 여겨지는 칼이 발견되었습니다. 칼은 대략 여러분들이 공작할 때 사용하는 조각도와 비슷한 모양이라 생각하면 알기 쉬울 것입니다.

또 갑골문자 중에는 등껍질이나 뼈 표면에 새기지 않고 먹이나 주홍색을 붓에 묻혀 직접 문자를 써 넣은 것도 소수이기는 하지만 발견되고 있습니다.

문자를 쓴다는 행위를 크게 분류하면 어떠한 물건의 표현을 깎아내어 문자를 쓰는, 즉 '새기는' 방법과 표면에 그을음이나 수지樹脂 혹은 잉크를 '발라서' 문자를 쓰는 두 종류가 있습니다. 갑골문자는 대부분이 전자의 방법이지만 부분적으로 후자의 방법으로 기록된 것도 있으며 중국은 문자를 사용하기 시작했을 무렵부터 이 두 종류의 방법을 병용한 듯합니다.

점술의 실례

실제 갑골을 보기로 하겠습니다.

〈그림 1-2〉는 북경 천안문광장을 마주하고 있는 중국 최대 박물관 '중국역사박물관'에 소장된 유명한 소뼈로 전체 길이가 30cm 정도로 매우 큰 갑골입니다. 이 뼈 중앙 3행에는 다음날翌日부터 시

작되는 새로운 '순旬'(10일간, 당시 시간 구분법으로 현대의 1주일에 해당한다)에 뭔가 안 좋은 일이 일어나지 않을까?라고 점 친 문장이 새겨져 있습니다.

이 시대에는 점술을 전문적으로 담당하는 사람이 있었습니다. 즉 '점술사'인데 당시는 인간의 행동이 점술 결과를 바탕으로 이루어지던 시대였기 때문에 '점술사'라고는 해도 상당히 지위가 높은 사람이었을 것으로 여겨집니다. 점술을 담당하는 사람이 일련의 순서를 밟아 점을 친 결과, 뼈 표면에 균열이 생기면 그것을 본 왕이 '반드시 나쁜 일이 일어날 것이다'라는 신의 계시를 읽어내어 액운을 씻어내도록 지시하였습니다.

그럼에도 불구하고 점을 친 다음날에 좋지 않은 일이 일어나게 됩니다. 그날 왕이 사냥에 나섰는데 왕을 선도하던 차(말 두 마리를 연결한 전차戰車)의 차축이 부서져 전복되어 그 뒤를 달리던 왕의 마차가 급브레이크를 걸어서 운전하던 왕자가 마차 밖으로 굴러 떨

〈그림 1-2〉
갑골문자가 새겨진 소의 뼈
(중국역사박물관 소장)

어지는 사고가 일어난 것입니다.

즉 왕이 읽어낸 계시대로 흉사가 일어났기 때문에 그 내용을 점을 칠 때 사용한 뼈에 기록한 것입니다.

무엇 때문에 문자를 사용하였는가?

갑골에 기록된 문장에는 이러한 왕의 판단이 반드시 들어맞습니다. 위의 예에서는 점을 친 다음날에 흉사가 일어났지만 항상 바로 계시대로 된다고는 할 수 없으며 극단적인 경우에는 점을 치고 나서 179일 후에 신탁이 실현된 경우도 있습니다.

실은 갑골에 있어서는 이 점이 대단히 중요한데 왕이나 국가의 행동방침을 정하기 위해 신의 계시를 얻는 것이 목적이라면 단지 점을 치면 되는 것입니다. 즉 갑골에 균열을 넣고 그것을 읽어 내는 단계에서 행동방침을 얻는다는 목적은 달성되었기 때문에 그 내용이나 결과를 일부러 문자로 새겨 둘 필요는 없습니다. 그러나 실제 갑골에는 점을 친 내용이나 결과가 상세히 기록되어 있습니다. 도대체 왜 그럴까요?

점의 내용을 기록하고 결과가 왕의 판단대로 되었다는 사실을 거꾸로 생각해 보면 왕이 읽어 낸 신의 계시가 실현되기까지 그 갑골은 문장을 기록하지 않은 채 '백지'('백갑골')로 보존하고 있었던 것이 됩니다. 그리고 왕이 읽어 낸 계시가 실현되는 단계에서 비로소 갑골에 문자를 새겼습니다.

즉 갑골문자는 은나라를 통치한 왕의 판단이 절대적이며 정당하다는 것을 증명하기 위해 기록되었던 것입니다.

3. 문자와 권력

또 하나의 고대문자

지금까지 갑골문자에 대해 이야기를 해 왔지만 고대 중국에서 사용된 한자에는 갑골문자 외에 또 하나의 다른 중요한 기록이 있었습니다. 그것은 청동으로 만들어진 다양한 도구에 기록된 명문^{銘文}으로 '금문金文'이라 부릅니다. '금金'이라고 해도 이 경우는 황금이 아니라 '금속'이라는 의미입니다.

청동은 구리와 주석의 합금으로 때로는 납을 섞기도 한 듯합니다. 순수한 구리가 아니라 다른 금속과 섞어 합금한 것은 융점을 낮춰 정련하기 쉽게 하기 위해서였습니다. 정말로 고대인의 지식에는 혀를 내두를 수밖에 없습니다. 어쨌든 청동으로 도구를 만들 생각을 한 인류는 무겁고 가공하기에도 불편한 석기에서 해방되어 새롭고 다양한 문화를 만들어내는 데 성공하였습니다.

금속을 정련하여 도구를 만드는 것은 정말로 획기적인 발명이 었습니다. 세계 속의 많은 고대문명이 철기시대로 옮겨가기 전에 각각의 지역에서 청동기 시대를 경험하였습니다. 일본에도 동탁 銅鐸 등 청동 공예품이 있다는 사실은 잘 알려져 있지만 고대 중국 만큼 멋진 청동기를 대량으로 만들고 그것을 마음대로 활용한 문명은 세계 어디를 찾아보아도 없을 것입니다.

'솥의 경중輕重을 묻다'

고대 중국에서 만든 청동기에는 다양한 종류가 있지만 그중에서 대표적인 것은 세 발 달린 깊은 '솥'이었습니다. 솥은 원래 고기를 삶는 조리기구였지만 의식용儀式用으로 만들어지면서 점차 대형화되어 갔습니다.

솥은 왕의 권위의 상징에서 국가의 상징물로 인식되면서 지극히 중요한 기물이 되었습니다. 천하를 통치하는 왕의 궁전에는 '전국傳國의 의기儀器'라는 훌륭한 솥이 놓여있었다고 합니다.

광대한 중국이 크고 작은 여러 나라로 나누어지고 각지에서 제후들이 패권을 다투던 춘추시대에 장강長江 유역에서 군사력을 갖추고 세력을 넓힌 신흥국가 '초楚'가 주변 여러 나라들을 차례차례

정복하고 북상하면서 마침내 주나라와의 국경 부근에서 관병식觀兵式을 열었습니다. 주나라는 원래 각지의 왕을 통제하는 '왕 중의 왕'이었지만, 이 시대에는 점차 힘을 잃기 시작하여 단지 이름뿐인 왕에 지나지 않았습니다. 거기에 강대한 힘을 갖춘 초나라가 군사 시위를 걸어온 것입니다.

평화 교섭을 위해 주나라에서 보낸 사신에게 초나라 왕은 주나라 왕실에 안치된 솥의 크기와 무게를 물었습니다. 초나라 왕으로서는 자신이 이제 곧 주나라를 대신하여 천하를 다스릴 것이기 때문에 그 당시 천자의 상징물인 솥을 본국으로 옮겨야 해서 무게를 물었던 것입니다. 즉 주나라를 위협한 것이지만 이에 대해 주나라는 솥의 크기와 무게는 소유하는 자의 인덕에 따라 정해지며 솥 자체에 관여된 것이 아니라고 하였습니다. 그리고 주나라가 하늘에서 받은 사명이 바뀌지 않는 한 솥의 무게를 다른 사람이 묻는 것은 허락할 수 없다며 초나라 왕의 무례를 일축했습니다.

이것이 세상에서 말하는 '솥의 경중을 묻다'의 고사로, 후세에서는 어떤 사람의 실력을 의심하여 스스로 그 사람을 대신하려고 할 때의 비유로 사용됩니다. 이 이야기에서 솥이라는 청동기가 왕권의 상징으로 인정받을 만큼 중요한 도구였다는 사실을 알 수 있었을 것입니다.

당당한 '대우정^{大盂鼎}'

이런 솥 중에서도 특히 훌륭한 것이 북경의 중국역사박물관에 전시되어 있습니다. '대우정^{大盂鼎}'(〈그림 1-3〉)으로 높이가 102cm, 무게는 153kg나 됩니다. 그 당당한 풍격은 강인함이 넘치고 보는 것만으로도 압도당할 정도입니다.

그런데 이 솥 내벽 부분에 합계 291자에 이르는 긴 문장이 쓰여 있습니다. 문장의 내용은 뛰어난 무장^{武將}이었던 우^盂라는 가신^{家臣}이 주나라 왕으로부터 아버지의 뒤를 이어 열심히 정치에 힘쓰라는 명령과 함께 지금까지의 공적을 칭송하는 포상까지 받았기에 이것을 기념하여 솥을 만들었다는 사실이 쓰여 있습니다.

문장 안에는 왕에게서 받은 명령이 인용되어 있으며 그 때 받았던 포상의 품목이 쓰여 있습니다. 이에 따르면 차^車와 말이나 의복 외에 1,700명 이상의 사람을 하사한 듯합니다. 이 문장을 자세히 분석하면 당시 사회에 어떤 사람이 있었고 어떻게 생활하고 지냈는지를 알 수 있기 때문에 청동기의 명문^{銘文}은 아직 종이에 쓰인 문헌에 의한 기록이 없는 시대의 역사를 보다 직접적으로 이야기해 주는 대단히 중요한 자료이기도 한 것입니다.

〈그림 1-3〉 **대우정**(중국역사박물관 소장)

금문金文의 서체

'대우정'에서 보았듯이 청동기 내벽에는 문장이 기록되어 있는
경우가 자주 있습니다. 이 문자는 얼핏 보면 새긴 듯이 보이지만
청동기를 다 만들고 나서 끌 같은 것으로 새겨 넣은 것은 아닙니

다. 이 시대에는 아직 철이 없기 때문에 청동에 문자를 새기는 것은 물리적으로 불가능했습니다.

금문은 문장만을 미리 따로 써서 틀을 뜨고 그것을 청동기 자체의 거푸집에 장치하고 청동기를 주조할 때에 문장도 같이 주조하는 지극히 복잡한 방법으로 기록된 것이었습니다. 이러한 청동기의 명문은 빠른 것은 갑골문자와 거의 같은 시대의 것이 있지만 갑골문자가 예리하고 가는 직선을 조합한 문자인 것에 비해 금문은 곡선이 많고 선도 굵직하고 부드러워 보기에도 상당히 느낌이 다릅니다. 갑골문자는 거북이 등껍질이나 동물 뼈와 같은 단단한 재질에 칼로 새겨 넣은 것 이지만 금문은 처음부터 부드러운 틀(소가죽이나 점토를 사용하였습니다)에 직접 붓으로 문자를 쓰고 문장용 거푸집을 만들어 그것을 청동기 자체의 거푸집에 설치해서 기록한 것입니다. 즉 양자는 완전히 다른 도구를 사용한 것으로 마치 우리들이 연하장에 '근하신년'을 쓸 때, 볼펜으로 쓴 것과 붓으로 쓴 것은 필치나 풍격이 상당히 다른 것과 같습니다. 서체에서 받는 느낌의 차이는 실은 필기도구의 차이에 의한 것이며 문자의 구조는 양쪽이 기본적으로 같다고 해도 좋을 것입니다.

시황제始皇帝라는 제왕

전후 약 500년에 이르는 춘추전국의 분열시대를 최종적으로 통일한 것은 진나라 왕인 정政이라는 인물이었습니다. 이 인물은 중국 전 영토를 지배하는 왕이 된 자신의 칭호를 '황제'로 정하였습니다. 중국역사상 최초의 황제가 된 그는 후세 사람들에게 '시황제'로 불리게 된 것입니다.

진시황제는 그때까지의 관습이나 제도에 얽매이지 않고 새 시대를 위해 참신한 정책을 차례차례 실시했습니다. 이 점은 전통을 고집하는 후세 유학자들로부터 거세게 비난받았으며 결국은 고대 로마의 황제 네로와 함께 동서를 대표하는 폭군으로 불릴 만큼 혹독하게 평가되어 왔습니다. 그러나 근대적인 관점에서 보면 시황제는 정말로 뛰어난 정치가였다고 말할 수 있습니다.

시황제는 전국을 '군郡'이라는 단위로 나누고, 군을 다시 몇 개의 '현縣'으로 나누어 중앙에서 직접 장관을 파견하였습니다. 이들 지방장관들은 정치나 행정에 책임을 지는 데 대한 보수로 급료를 지급받았지만 중앙의 명령 하나로 언제라도 전근되거나 지위가 박탈되기도 하였습니다. 또 기존의 귀족들과는 달리 자신의 지위나 직업을 자식들에게 그대로 세습시킬 수가 없었습니다. 이것은 지금의 일본 공무원, 즉 관료와 완전히 같으며 이렇게 하여 중국에서 최초로 관료에 의한 중앙집권국가가 탄생되었습니다.

한자 서체의 통일

시황제가 전국을 통일하기 전에는 각지에 독립왕국이 여러 개
있었기 때문에 여러 가지 제도가 지역에 따라 다양하게 시행되고
있었습니다. 그러나 통일국가가 되었기 때문에 모든 제도를 통일
하지 않으면 안 되었습니다. 특히 큰 문제는 각 지역마다 문자 서
체와 도량형度量衡이 제각각이었기 때문에 통일국가를 운영하는 데
정말 불편한 상황이었습니다.

전국시대 중국에서 사용되던 한자는 각 지역에 따라 서체가 제
각각이었습니다. 조금 구체적으로 언급하면 동쪽에 있던 제나라
에서는 세로로 길고 선이 가는 서체가 사용된 것에 비해 남쪽의 초

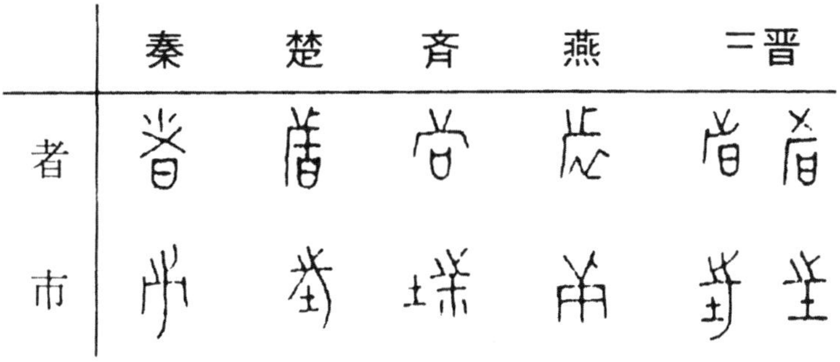

	秦	楚	斉	燕	二晋	
者						
市						

〈그림 1-4〉 소전 이전의 서체 '者'와 '市'(裘錫圭, 『文字學概要』)

나라나 월나라 등에서는 '조전鳥篆'이라는 아주 장식적인 서체가 사용되었습니다. 이와같이 서체가 지역마다 다르다는 것은 예를 들면 홋카이도에서는 해서楷書, 간토에서는 행서行書, 규슈에서는 예서隷書가 사용되는 것과 같은 것으로 이런 상태로는 중앙정부가 대단히 난처합니다.

〈그림 1-5〉
소전이 기록된 진나라 시대의 분동(分銅)
(중국역사박물관 소장)

　통일 전에는 각국 내에서 독자적으로 경제활동이나 문화가 전개되었기 때문에 이런 상태에서도 그다지 큰 장해는 되지 않았지만, 통일 국가가 성립되고 중앙에서 임명된 관료가 전국의 관청에 파견되게 되면 실제로 행정을 실시할 때는 다량의 문서가 필요하게 됩니다. 이 때 중앙과 지방에서 주고받는 문서에 사용되는 문체가 다르면 여러 가지 불편한 일이 일어납니다. 그래서 시황제는 전국의 서체를 통일하기 위해 표준서체의 작성을 승상丞相(지금의 총리대신에 해당합니다)인 이사李斯에게 명령했습니다.

　시황제의 명을 받아 이사는 '소전小篆'이라는 서체(〈그림 1-5〉)를 만들고 전국표준의 서체로 삼았습니다. 지금 일본에서 회사 도장이나 개인 인감도장 등에 사용되는 구조가 복잡하고 읽기 힘든 '전서篆書'라는 서체는 이 소전에 기초한 것입니다.

'일석이조'의 보급방법

이렇게 하여 소전이 국가의 표준서체가 되었지만 당시는 신문이나 텔레비전은 물론 인쇄조차 아직 없던 시대입니다. 그래서 어떤 서체를 전국표준으로 정해도 그것을 어떻게 전국에 보급시킬 것인가가 다음으로 큰 문제였습니다. 그러나 시황제와 이사는 정말 영리하게도 '일석이조'의 방법을 생각해 내었습니다. 그것은 서체와 함께 통일제국 운영에 장애가 되었던 도량형 통일에 응용하였던 것이었습니다.

전국시대에는 사물의 길이나 무게, 부피 등을 규정하는 도량형도 서체와 마찬가지로 나라마다 제각각이었습니다. 즉 무게를 나타내는 단위로서 '근斤'을 사용한다고 해도 예를 들면 1근이 250g인 나라도 있고, 230g인 나라도 있었습니다.

이것도 문자와 마찬가지로 각국의 내부에서만 사용한다면 그다지 영향이 없지만 통일국가를 운영하기 위해서는 신속하게 해결해야 할 문제였습니다. 더구나 시황제는 자신의 장대한 묘나 전무후무한 대궁전인 '아방궁', 혹은 만리장성 등 대규모 토목공사를 빈번히 시행하였기 때문에 자재를 전국에서 조달하지 않으면 안 되었고 지역마다 차이가 나는 도량형 단위는 너무나도 불편하였을 것 입니다.

그래서 시황제는 새롭게 도량형의 기준을 제정하고 그것을 재는 도구를 만들어 전국에 배포하였습니다. 길이는 자, 무게는 저울추, 부피는 되를 만들어 각지의 관청에 배포하고 이후 경제 거래나 징세의 기준으로 삼도록 정하였습니다.

도량형기준기의 표면에는 시황제가 전국을 통일한 공적을 담은 문장이 기록되어 있었습니다. 그 문장에 사용된 서체가 조금 전 기술한 '소전'이었습니다. 즉 도량형기준기를 전국에 배포함과 동시에 표준서체로 쓴 문장도 전국에 배포하여 보급을 도모하였던 것입니다.

이 기준기 중에 대단히 흥미로운 것이 있습니다. 바로 부피 단위를 나타내는 되ⁿ입니다. 되는 토기로 만들어졌는데 토기를 굽기 전, 흙이 아직 부드러운 상태에 인감을 눌러 문장을 기록한 것이 있습니다. 문장은 전부 40자로 되어 있으며 미리 네 글자씩으로 나눈 인감을 순서대로 모두 10개 만들어 두면 토기 주변에 문장을 기계적으로 기록할 수 있습니다.

도량형기준기는 각지의 관청에 배포하기 위해 방대한 수를 만들 필요가 있었지만 이렇게 하면 대량생산하는 것도 간단합니다. 이 방법은 넓은 의미에서 인쇄의 기원이라고도 생각할 수 있는 매우 뛰어난 방법이었습니다.

어쨌든 진시황제는 중국 역사상 최초의 대大 통일제국을 만든 천재 정치가였습니다. 시황제와 이사가 실시한 각종 국가 통치 정책에서도 문자에 관한 개혁과 정책이 중요한 부분을 차지하고 있습니다. 문자는 권력자가 사회를 지배하기 위해 없어서는 안 될 가장 중요한 도구였던 것입니다.

4. 종이의 발명이 불러온 것

서사재료書寫材料란

지금까지 한자의 변천과정에 대해 언급하였습니다. 다음은 시점을 바꾸어 문자가 쓰인 소재의 역사에 대해 생각해 봅시다.

문자를 쓴다고 하면 우리들은 펜이나 연필 등으로 종이에 문자를 쓰는 것을 떠올리지만 일상생활을 조금 되돌아보면 펜과 종이 이외에 다양한 도구와 소재를 사용하고 있음을 알 수 있습니다. 예를 들면 교실이나 회의실에서는 흑판이나 화이트보드에 분필이나 유성펜으로 문자를 쓰고 문패나 간판은 돌이나 나무 푯말 등에 문자가 새겨져 있습니다.

문자는 다양한 소재 위에 기록되어 있습니다. 이들 소재는 문자가 쓰여질 상황과 용도에 따라 선택됩니다. 수업이나 회의에서는 여러 내용의 문장을 여러 번 재빨리 쓸 수가 있으며 지우는 것도 간단하고 나아가 기록한 문자는 길게 보존할 필요가 없는 조건이라면 칠판과 분필이 선택되는 것입니다. 한편 문패나 간판은 비바람에도 문자를 장기간에 걸쳐 보존하지 않으면 안 되기 때문에 그 상황에 적합한 나무나 돌 등이 선택됩니다.

이처럼 문자가 기록되는 소재를 '서사재료書寫材料'라고 부릅니다.

서사재료의 역사 - 종이 발명까지

고대 중국에서는 거북이 등껍질이나 소뼈, 그리고 청동기라는 상당히 특수한 서사재료가 사용되었지만 문자의 용도 면에서 보면 처음부터 선택의 여지가 없었습니다. 거꾸로 말하면 문자를 모든 재료에 적을 수는 없었습니다.

그러나 시대와 함께 인간과 문자의 관계가 변화하자 문자는 단지 언어를 기록하기 위한 부호가 되었고 문자를 기록하는 소재도 특수한 것에 한정되지 않고 기록하기에 편리한 소재를 자유롭게 선택하게 되었습니다. 고대 중국에서 문자 기록자의 입장에서 가장 편리했던 것은 흔히 볼 수 있는 돌과 손에 넣기 쉬운 대^竹나 나무였습니다.

돌은 전국시대 이후에 문장을 기록하는 소재로 사용되기 시작하였습니다. 후한後漢시대가 되면 유학의 경전이나 큰 공적을 세운 개인을 칭송하는 문장을 새긴 돌비석이 많이 세워지게 되었습니다.

그리고 대나 나무는 고대 중국에서 가장 자주 사용된 서사재료였습니다. 직사각형에 가늘고 긴 꼿말로 가공한 대나무를 '죽간^{竹簡}', 나무로 만든 것을 '목간^{木簡}'이라고 부릅니다. 최근에는 일본 유적에서도 많은 목간이 발견되었기 때문에 '목간'이라는 명칭을 여러분도 어딘가에서 들은 적이 있을 것입니다.

한편, 우리들이 문장을 쓸 때에 가장 자주 사용하는 서사재료는 말할 필요도 없이 종이입니다.

종이는 화약·나침반·인쇄술과 함께 중국의 4대 발명으로 꼽히며 과거 중국이 인류 문화의 진보와 발전에 공헌한 가장 위대한 발명품이라고 할 수 있습니다.

현대 우리들도 기본적으로 종이 시대에 있고 이런 상황은 앞으로도 계속될 것으로 생각합니다. 물론 지금은 컴퓨터와 연동하는 브라운관이나 휴대전화 등의 액정화면이라는 전자기기를 이용한 서사재료가 계속 발명되고 있지만 컴퓨터로 쓴 문장이라도 인쇄할 때는 역시 종이를 이용할 수밖에 없기 때문에 종이는 앞으로도 서사재료 중에서 변함없이 왕좌를 유지할 것입니다.

종이는 후한의 채륜蔡倫에 의해 발명되었다고 전통적으로 생각되고 있습니다. 『후한서』에 의하면 채륜은 후한의 영평永平년간(58~75)에 환관으로 궁중에 들어갔습니다. 채륜은 젊을 때부터 재능이 뛰어났으며 황제가 사용하는 검이나 그 외 도구 제작의 책임자가 되어 재능을 유감없이 발휘하였습니다. 그가 지도해서 만든 도구는 모두 정교해서 모범으로 여겨졌다고 합니다.

채륜의 시대까지 문자는 목간이나 죽간, 비단에 쓰는 것이 보통이었으나, 나무나 대나무는 무겁고 부피가 크며, 비단은 비쌌습니다. 그래서 채륜은 나무껍질이나 마麻 부스러기 혹은 낡은 어망과 나 헌 천 등을 원료로 종이를 만들어 원흥元興원년(105)에 황제에게 헌상하였습니다. 황제는 종이를 격찬하였고 그 이후 사람들은 모두 문자를 쓸 때에 종이를 사용하게 되었다고 합니다.

종이 등장의 의의

그 후 종이는 제조 기술이 한층 발달되어, 좋은 품질의 종이가 많이 만들어지면서 널리 보급되어 점차 목간이나 죽간을 대신하게 되었습니다. 3세기부터 4세기에 속하는 유적에서 문자가 쓰인 종이가 수없이 많이 발견되고 있기 때문에 이 무렵에는 종이가 서사재료로 가장 많이 사용되었다고 생각할 수 있습니다.

서사재료로 종이가 널리 보급된 원인은 종이 자체가 가진 뛰어난 특성 때문이기도 하지만 종이가 전문업자에 의해 제조되고 대량으로 공급될 수 있었다는 것도 중요한 사실이라고 할 수 있습니다. 왜냐하면 그 때까지의 서사재료는 모두 문자를 쓰려는 사람(혹은 그 주위에 있던 사람)이 스스로 재료를 조달하고 가공하였습니다. 비단은 스스로 제조한 것은 아니지만 문자를 쓰기 위한 비단은 천조각 같은 것으로 가지고 있던 것을 이용한 것입니다. 즉 그때까지의 서사재료는 어딘가에서 구입해오는 형태는 아니었습니다.

그러나 종이는 기록자가 스스로 만드는 것이 아닙니다. 종이를 만들려면 커다란 설비와 노력이 필요하기 때문에 개인적으로 종이를 만드는 것은 불가능합니다. 그래서 종이를 사용할 기록자는 누군가가 이미 만든 종이를 사용하여 문자를 썼다고 생각됩니다. 이것을 거꾸로 말하면 종이는 문자를 기록하는 자가 아닌 다른 사람에 의해 만들어지고 또 판매되는 형태를 취한 최초의 서사재료인 것입니다.

이러한 거래 형태가 확립됨으로써 누구라도 돈만 있으면 서사재료를 손에 넣을 수 있게 되었으며 이에 따라 문자를 쓰는 사람은 기록하기 위한 소재를 제조하는 노력에서 해방되었습니다. 종이의 유통은 매우 큰 의의를 가지며 종이의 보급은 마침내 문자 자체가 광범위하게 보급되는 데에도 크게 영향을 끼쳤다고 봅니다.

'낙양洛陽의 종이가격을 올리다'

종이가 상품으로 판매되었다는 사실을 알려 주는 가장 유명한 예로 현재에도 서적의 베스트셀러의 비유에 사용되는 '낙양의 종이 가격을 올리다'라는 고사가 있습니다.

서진西晉시대의 유명한 문학자인 좌사左思(250?~305?)의 '삼도부三都賦'라는 작품이 있습니다. 중국을 삼등분한 위·촉·오 세 나라 각 수도의 번영을 극명하게 묘사한 장편으로 좌사는 무려 10년에 걸쳐 이것을 썼다고 합니다. 이 작품이 세상에 나오자 당시의 명사들로부터 대단히 높게 평가받았고, 낙양의 문학 애호가들이 앞 다투어 이것을 옮겨 쓰려고 하였습니다.

아직 인쇄술이 발명되기 전이기 때문에 사람들은 종이를 사 와서 손으로 옮기는 방법밖에 없었습니다. 그래서 한 편의 문학작품이 불러일으킨 유행 때문에 서진의 수도였던 낙양 거리에서 판매되던 종이는 수요와 공급의 균형이 무너져 가격이 급등했다고 합니다.

이것이 '낙양의 종이 가격을 올리다'라는 고사로, 이 이야기에서 당시 낙양에서는 종이가 판매되었다는 사실을 알 수 있습니다.

가장 오래된 인쇄물

문화가 발달하기 위한 중요한 수단인 인쇄도 종이와 마찬가지로 중국이 발명한 기술입니다.

인쇄술의 발명자는 구텐베르크라고 생각하는 사람이 드물게 있겠지만 구텐베르크는 금속활자에 의한 인쇄 발명자였고 중국에서는 그보다도 훨씬 일찍 목판으로 인쇄를 실시하고 있었습니다.

목판에 의한 인쇄물로 실제 발견된 가장 오랜 예는 영국 탐험가 스타인^{Sir Aurel Stein}(1862~1943)이 12세기 초에 실크로드 지대에 있는 오아시스로 알려진 돈황敦煌에서 가지고 간 대량의 문서, 소위 '돈황문서' 속에 포함된 『금강반야바라밀경金剛般若波羅密經』으로 현재 런던 대영박물관에 전시되어 있습니다(〈그림 1-6〉). 이것은 인쇄된 여섯 장의 종이를 이은 두루마리로 되어있으며 길이는 5.3m로 문서의 마지막 부분에는 당나라 함통咸通 9년(868)에 왕개王玠라는 인물이 돌아가신 양친의 명복을 빌기 위해 만들어 절에 시주한 경위가 문말文末에 적혀 있습니다.

죽은 선조 등을 애도하기 위해 불교경전을 스스로 옮겨 적어 절

〈그림 1-6〉 최고의 인쇄물 『金剛般若波羅密經』(대영박물관 소장)

에 시주하는 것은 훨씬 전부터 이루어지고 있었지만 왕개라는 사람은 발명된 지 얼마 되지 않은 인쇄술을 사용하여 대량으로 불교 경전을 만들고 그것을 절에 시주한 것입니다.

또한 실물은 남아있지 않지만 인쇄는 이전부터 이루어지고 있었던 듯합니다. 문헌에 따르면 당나라 태화太和 9년(835)에 민간에서 임의로 달력을 인쇄하여 판매하는 것에 대한 금지령이 내려졌습니다. 기록에 의하면 사천四川 등 일부 지역에서는 민간에서 임의로 '판목으로 달력을 찍어 시장에 팔아서', 국가가 정식 달력을 발포한 때에는 이미 달력이 천하에 널리 퍼져 있는 상태였다고 합니다. 민간에서 판매되던 달력은 아마도 목판으로 인쇄된 듯합니다. 실제로 돈황문서 중에도 민간에서 인쇄된 달력이 여러 종류 발견되고 있습니다.

손으로 쓰는 것과 인쇄

단지 흥미로운 것은 인쇄가 시작된 무렵에는 기술의 질이 그다지 좋지 않았기 때문에 인쇄물은 신용할 수 없었습니다. 당시에는 인쇄물보다는 손으로 적은 쪽이 틀림없고 신용할 수 있는 것으로 생각되었습니다. 초기 인쇄가 응용된 것은 간단한 사전이나 달력, 점술 책, 혹은 불전이나 부적 등 민중의 일상생활에 관계된 것, 즉 '학술적인 가치가 없고 어떻게 되어도 좋은 것'뿐이었습니다. 이들은 모두 전문업자가 제작 판매하여 민중의 수요에 부응한 것으로 여겨집니다.

한편 당시 가장 정통적인 학문이었던 유학 경서는 전문 서사생(사본 작성을 담당한 관직)이 쓴 사본이 정부에 의해 각지에 배포되고 이것이 '과거'(고급공무원 채용시험)를 위해 가장 신뢰할 수 있는 교재로 여겨졌습니다. 당시 인쇄기술은 권위 있는 학술관계 서적을 낼 만큼 뛰어난 것은 아니었던 것입니다. 그러나 민간에서 인쇄물이 보급됨에 따라 점차 기술이 향상되어 마침내 유학 경전에도 인쇄술을 응용하게 되었습니다.

5. 현대로 이어진 한자문화

해서楷書 시대

신에게 질문을 하기 위해 사용된 갑골문자 이래로 한자에는 다양한 서체가 생겨났습니다. 당나라 시대에 인쇄술이 발명되었고, 송나라 시대에 이르러 인쇄술은 더욱더 발전하기에 이릅니다.

그 이후 인쇄에 사용된 서체는 대부분 해서였기 때문에 중국에서는 한자의 서체는 해서가 중심이 되었고, 해서 이외의 서체, 즉 전서나 행서·초서草書는 서도書道 등 예술적 감상의 대상이나 장식적 용도로밖에 거의 사용되지 않게 되었습니다.

명나라나 청나라 시대에는 유교 문명이 화려하게 꽃피고 문인이나 학자가 많은 책을 저술하였습니다. 또 황제의 명령에 따라 대규모의 서적이 편찬되었습니다. 이들 서적은 문화적 혹은 학문적으로 대단히 커다란 가치를 지니지만 단지 문자라는 수준으로 본다면 모두 해서로 기록된 것으로 한자의 역사에서는 낭나라 때 확립된 해서 문화의 연장선상에 위치한다고 할 수 있습니다.

문자개혁

한자의 역사에 새로운 전개가 나타난 것은 중화인민공화국이 되면서 시작된 '문자개혁'부터입니다.

과거 중국에서 한자를 사용하여 서적을 읽고 쓸 수 있었던 문자층은 극히 제한적이었습니다. 실제로 농민이나 노동자 등 대다수 사람들은 문자와는 전혀 상관없이 생활했습니다. 즉 과거 중국은 문자를 사용하는 극히 일부의 지식인과 압도적 다수의 무식자층으로 구성되어 있었다고 해도 지나치지 않습니다.

본래 한자는 외우기 어렵고 쓰기 어려운 문자입니다. 이렇게 어려운 문자를 자유롭게 사용할 수 있으려면 충분한 교육을 받을 만한 풍족한 환경이 필요하였기 때문에 한자에 숙달한 사람은 결과적으로 지배적인 입장에 선 특권계급이 되었습니다.

한자의 간략화

혁명 후 중국의 문자정책은 한자의 간략화를 중심에 두고 추진되었습니다. 지금까지 압도적 다수가 한자를 몰랐던 원인은 한자가 복잡하고 외우기 어려웠기 때문이었습니다. 이러한 인식에 선 정부는 자형을 간단히 하는 데 적극적으로 착수하여 구조를 간단히 한 한자(이것을 '간체자^{簡體字}'라고 합니다)를 정식 문자로 삼고 이것을 인쇄나 기록에 사용하도록 지도하였습니다.

간체자의 역사는 실은 대단히 오래된 것으로 최근에 만들어진 것이 아닙니다. 애초에 갑골문자 이래 한자의 전개는 서체의 변화라고 하는 형식을 취하며 실제로는 복잡한 자형을 간략화해 온 역사이기도 하였습니다. 옛날부터 문자를 쓰는 사람은 보다 빠르고 보다 간단하게 쓸 수 있는 문자를 지향하며 간편하게 쓰는 법을 추구해 왔습니다.

그러나 이러한 간편한 형태의 문자는 '약자略字'라든가 '속자俗字' 등으로 불리며 일찍이 일부 계층이나 특수한 상황에서 밖에 사용되지 않았으며 정통적인 문자로는 인식되지 않았습니다. 또 약자나 속자를 사용한 서적은 가치가 낮은 것으로 간주되었습니다.

중국의 문자개혁이란 이러한 간체자를 가장 정통적인 자형으로 삼는 것이었습니다. 간략화한 한자로 자형의 규범을 정하고 이것을 보급시키는 정책을 1950년대부터 계속 진행해 온 결과 지금은 사회 모든 곳에서 간체자가 사용되며 완전히 정착하였습니다.

중국근대문학을 탄생시킨 노신魯迅(1881~1936)은 한자를 사용하지 않고 라틴문자로만 중국어를 쓰는 운동을 열렬하게 지지한 문자 개혁론자였습니다. 그는 한자폐지를 궁극의 이상으로 삼고 '한자가 망하지 않으면 중국은 반드시 망한다'라고까지 하였습니다.

또 중화인민공화국의 건국을 이끈 모택동毛澤東(1893~1978)은 최종적으로는 중국 문자를 한자로부터 세계 공통의 표음문자로 고치지 않으면 안 된다고 주장하였습니다.

혁명 후의 중국은 문자개혁의 대전제로 노신이나 모택동이 주장한 한자폐지와 표음문자화를 먼 장래에는 실현시키겠다고 계획하고 이를 국가정책의 하나로 삼고 있는 것 같습니다. 그러나 실제로 문자개혁의 첫걸음으로 만들어진 것은 다수의 간체자와 한자의 발음을 기재하기 위한 알파벳시스템이었습니다. '한어병음방안漢語倂音方案'으로 불리는 이 시스템은 어디까지나 한자의 발음을 표시하기 위해서만 사용되었을 뿐 중국어를 쓰기 위한 문자는 되지 못하였습니다. 결국 그것은 한자에 대한 보조적인 도구로서의 역할을 담당할 뿐 한자를 대체할 수 있는 문자는 아니었던 것입니다. 한자를 대신할 문자는 지금까지 중국에서는 단 한 번도 만들어진 적이 없으며 중국의 정식 문자는 현재까지도 변함없이 한자인 것입니다.

사회의 현대화에 따라 최근에는 중국에서도 기계로 문자를 읽고 쓸 일이 많아졌습니다. 때문에 현재 중국에서는 한자를 현대사회에 맞추기 위한 노력이 수없이 이루어지고 있으며 착실하게 성과를 내고 있습니다. 중국 사회에서는 한자가 지금도 뿌리깊게 살아 있으며 앞으로도 중국문화의 중심에 서서 계속 사용될 것입니다.

간체자 만드는 법

변이나 방을 간략하게 하여 획수를 줄인다	記 → 记 鶴 → 鹤 傳 → 传	統 → 统 淺 → 浅 檢 → 捡	銅 → 铜 現 → 现	飮 → 饮 澤 → 泽
한자의 일부분만을 사용한다	務 → 务 殺 → 杀 啓 → 启	鄕 → 乡 開 → 开 離 → 离	虜 → 虏 競 → 竞	類 → 类 塗 → 涂
복잡한 부분을 단순한 기호로 표현한다	漢 → 汉 對 → 对 顧 → 顾	難 → 难 蘭 → 兰 囉 → 萝	時 → 时 應 → 应	斷 → 断 艱 → 艰
이전부터 사용된 간단한 이체자로 바꾼다	從 → 从 雙 → 双	禮 → 礼 辭 → 辞	爾 → 尔 聖 → 圣	無 → 无 鐵 → 铁
초서체(또는 행서체)의 자형을 해서화한다	書 → 书 樂 → 乐	專 → 专 圖 → 图	報 → 报 會 → 会	師 → 师 晝 → 昼

복잡한 부분을 같은 음을 가진 간단한 문자로 바꾼다	遷(qiān) → 迁(千 = qiān) 華(huà) → 华(化 = huà) 鐘(zhōng) → 钟(中 = zhōng) 勝(shèng) → 胜(生 = shēng) 戰(zhàn) → 战(占 = zhàn) 響(xiǎng) → 响(向 = xiàng) 藝(yì) → 艺(乙 = yǐ) 憲(xiàn) → 宪(先 = xiān)
간단한 글자의 조합으로 원래 한자의 의미를 나타낸다	塵 → 尘(小 + 土 = 먼지) 筆 → 笔(竹 + 毛 = 붓) 陽 → 阳(陽·陰의 왼쪽 + 日 = 양지) 陰 → 阴(陽·陰의 왼쪽 + 月 = 음지) 孫 → 孙(子 + 小 = 손자) 國 → 国(囗 + 玉 = 재물을 성벽으로 지키다)
같은 음을 가진 다른 글자로 대용한다	機(jī) → 机(jī) 飛機(飛行機) → 飞机 穀(gǔ) → 谷(gǔ) 穀物 → 谷物 麵(miàn) → 面(miàn) 炒麵(볶음국수) → 炒面

제2장

일본에 한자가
찾아왔다

1. 한자 문화권

왜 '한자'인가

앞장에서는 한자의 기원과 중국에서의 발전 과정에 대해 이야기를 진행해 왔지만, 본장에서는 일본에서의 한자의 흐름에 대해 살펴보기로 하겠습니다.

일본을 포함하여 중국의 주변 국가는 일찍부터 중국의 고도한 문명을 받아들여 자국의 문화를 발전시켜 왔습니다. 실제로는 유교와 불교를 중심으로 자국 내에 중국의 문화양식을 도입해 왔지만, 이 문화 전파의 중심에 있었던 것은 각 종의 문헌으로, 그것은 모두 한자로 쓰여졌던 것이었습니다. 그러므로 극단적으로 말한다면, 문화를 수용하는 원동력은 사실은 한자였다고 할 수 있습니다.

그런데 우리들이 일상적으로 사용하고 있는 그 문자를 왜 '한자'라고 하는 것일까요?

고대 중국 왕조의 하나로 '한漢'이 있습니다. 그리고 이 한의 시대에 만들어진 문자이기 때문에 '한자漢字'라고 한다고 생각하는 사람이 가끔 있지만, 그것은 큰 오해입니다. 이미 소개한 갑골문자와 금문은 모두 현재 한자의 선조이지만, 한 왕조가 성립한 기원전 202년보다도 천 년 이상 전부터 사용되고 있었습니다. 그러므로 '한자'의 '한'은 왕조의 이름이 아닙니다.

'한자'의 '한'은 사실은 민족명에서 왔습니다. 중국은 광대한 나라로 합계 56종으로 이루어진 민족이 살고 있습니다. 예를 들면 북조선(조선민주주의인민공화국)과의 국경지대의 중국 측에 있는 사람들은 중화인민공화국의 국민이지만 대부분이 조선족으로, 일상적으로 사용하고 있는 언어는 조선어입니다. 또 내몽골 자치구에 사는 사람들도 마찬가지로 국적으로는 중국인이지만 대부분이 몽골족으로 몽골어를 사용하고 있습니다. 게다가 '민족의 도가니(전시장)'라고 불리는 실크로드 지역과 소수민족이 많이 사는 서남쪽 운남성 등에서는 실제로 각양각색의 민족이 뒤섞여 살아가고 있으며, 각 민족은 자신들의 언어를 사용하고 있습니다.

이러한 다민족 국가인 중국에서 가장 많이 살고 있는 민족이 '한

민족漢民族'이며, 인구의 59% 전후에 달합니다. 이들 한민족의 언어를 '한어漢語'라고 부릅니다. 덧붙여서 말하면 일본에서 일반적으로 '중국어'라고 부르는 언어는 사실은 이 '한어'를 말합니다. 조금 까다로운 이야기이지만 일본어로 '한어'라고 하면 '일본 (고유의) 말'에 대한 '한어', 즉 중국으로부터 도입된 말이라는 의미가 되지만, 중국에서는 '한어'를 '한민족이 말하는 언어'라는 의미로 사용되고 있습니다. 즉 '한자'는 '한민족'이 말하는 '한어'를 쓰기 위한 문자인 것입니다.

통역이 필요 없는 문화권

중국으로부터 한자를 받아들여 자국의 언어를 표기한 것은 일본뿐만은 아닙니다. 일찍이 한반도에 세워진 고구려·백제·신라와 시대적으로는 늦지만, 과거 베트남도 한자를 이용하여 자국어를 표기하였습니다.

이와 같이 동아시아 일대에서는 한자가 각국 내에서 사용되고, 그 결과 한자는 국제공통문자로서의 역할을 갖추어 가게 되었습니다. 이 지역에는 사용하는 언어는 각각 달라도 한자를 통해서 교류할 수 있는 집단이 형성되었습니다. 이것을 '한자문화권'이라고 합니다.

한자문화권이란 한자를 읽고 쓸 수 있는 사람들의 집단이며, 그것은 국가나 왕조라는 틀과 언어의 차이를 초월한 것이었습니다.

과거의 동아시아 각 국에서는 구어는 나라마다 달라도 고대 중국에서 사용된 규범적인 문어문—이 문체를 일본에서는 '한문'이라고 합니다—을 한자를 사용하여 쓸 수 있다면 자유롭게 상호의 의사를 소통시키는 것이 가능한 상태가 계속 이어졌습니다. 즉 외국인 사이에서도, 일정한 서식에 준하여 한자로 문장을 쓴다면 통역은 필요 없었던 것입니다.

2. 고대 일본의 문자세계

일본 최고最古의 '한자'?

최근에는 일본 각지에서 유적 발굴이 진행되어 고대 문자 자료가 많이 발견되었습니다. 이러한 출토자료 중에 가고시마鹿児島현 다네가種子섬에 있는 '히로타広田 유적'에서 발견된 '山'(산)이라는 글자가 일본에서 가장 오래된 한자로서 자주 화제로 거론되었습니다.

히로타 유적은 다네가섬의 '철포전래비鉄砲傳来碑' 바로 근처에 있는 유적으로 1955년 9월 태풍에 의한 산사태로 발견되었습니다. 그 후의 조사에서 이곳은 야요이^{弥生}시대 전기부터 고분시대 전기에 이르는 유적인 것이 판명되었습니다. 원래 묘지였던 것으로 확인되며, 상하 2층으로 합계 113구의 인골과 조개껍데기^{貝殼}를 가공하여 만든 장신구와 토기 등의 부장품이 대량으로 발견되었습니다.

그중 하나의 묘에서, 덩이조개라는 조개를 가공하여 만든 목걸이가 발견되었습니다. 이것은 죽은 자의 목에 걸려 있는 형태로 발견되었는데, 크기는 가로 3.4cm, 세로 2.4cm로 작은 것이지만 표면에 한

자 '山'으로 읽을 수 있는 형태가 선명하게 새겨져 있었습니다(〈그림 2-1〉). 이것이 일본 고고학계에서 자주 화제가 되는 '일본에서 가장 오래된 한자'라고 불리는 것입니다.

〈그림 2-1〉 히로타유적에서 출토된 조개에 새겨진 '山'
(가고시마현 역사자료센타 여명관(黎明館) 소장)

'山'의 의미

만약 이것이 한자라고 한다면 '山'이란 진정 어떠한 의미였을까요? 설마 이 시대에 죽은 자의 이름을 적어서 묘에 넣었다고는 생각할 수 없습니다. 아무리 생각해봐도 묘지와 '山'이라고 하는 한자와의 관련이 좀처럼 떠오르지 않습니다.

이것은 사실은 문자가 아니라 마크의 한 종류일 뿐이라고 저는 생각합니다. 그 이유는 사실 목간이나 종이에 쓰인 것이 아니라 묘에 매장된 죽은 자의 목걸이에 새겨진 것이기 때문입니다.

'山'에 인ㅅ 변을 붙이면 '仙'(선)이 됩니다. 저는 이 '山'은 필시 '仙'이라는 글자로 여기고 쓴 것이라고 생각합니다.

'仙'을 쓰고자 하여 '山'을 쓰는 것은, 옛날 중국에서는 크게 가능성이 있습니다. 물론 후세의 문헌에서는 '山'과 '仙'을 엄밀하게 구별하지만 고대의 금석자료에서는 문자의 변을 생략하는 경우가 종종 있었습니다. 이것은 거울의 명문 등에 현저한 현상으로 한漢부터 육조六朝에 걸쳐서 제작된 거울에는 '작作'을 '사乍'로 쓰거나, '기紀'를 '기己'로, '기飢'를 '궤几'로, '지知'를 '시矢'로 쓰는 경우가 종종 보입니다. 그러므로 '선仙'을 쓰고자 하여 인변을 생략하여 '산山'으로 써도 전혀 이상한 것은 아닙니다.

'山'이 새겨진 덩이조개는 죽은 자의 가슴에 거는 목걸이로 사용되었습니다. 이것은 매장된 죽은 자가 선계仙界에 환생하기를 바라는 기원을 담아서 부장품으로 목에 걸어 둔 것은 아닐까, 하고 추측합니다.

'보步' 뒷면의 '토と'

오늘날 우리들에게는 문자로 보이는 것이라도, 실제로는 문자로서 기능하지 않고 단지 기호에 지나지 않는 것이 종종 있습니다. 여기서는 그 실례로서 장기將棋의 말駒을 거론하겠습니다.

장기 '보步'의 뒷면에는 히라가나인 'と(토)'가 쓰여 있지만, 왜 'と'인 것일까요? 물론 거기에는 이유가 있지만, 실제로 장기를 두는 사람은 그런 것을 생각도 하지 않은 채 장기를 둡니다.

중학교 시절에 친구와 산에 야영하러 갔을 때 비가 내렸습니다. 서둘러 저녁을 끝내고 텐트로 들어갔지만 바깥은 강한 비로 캠프파이어도 할 수 없었고 완전히 무료해졌습니다.

그래서 어쩔 수 없이, 저는 친구와 판지를 잘라 장기판과 말을 만들고, 장기를 두기로 하였습니다. 아주 느긋한 이야기이지만 산속에서 아무것도 할 수 없었기 때문에 어쩔 수 없었습니다.

장기의 말 중에서 가장 많이 필요한 것은 '보'로, 합계 18개나 사용합니다. 그래서 우리들은 많은 '보'를 만들었지만, '보'를 만들 때

그 뒷면이 왜 'と'란 글자인지 그런 것은 전혀 생각지도 않고, '보' 뒷면에 묵묵히 'と'란 글자를 썼습니다.

그러나 그 'と'는 격조사 'と'도 아니며 '호戸'나 '도都'나 '도圖'를 나타내는 것도 아닙니다. 장기 말의 경우에는 'と'는 문자로서 전혀 기능하지 않으며, 단지 기호나 그림 모양에 지나지 않는 것입니다.

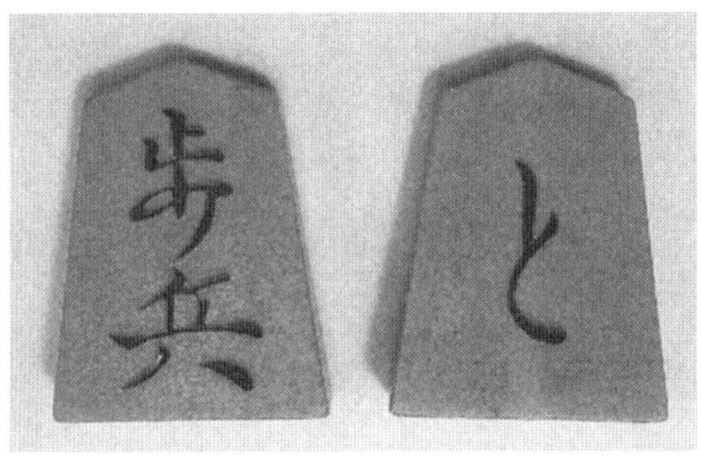

〈그림 2-2〉 장기의 '보(步)'

일본장기연맹將棋聯盟으로부터의 회답

그 이야기를 저는 이전에 NHK 교육 TV 〈인간대학人間大學〉이라는 프로그램에서 이야기 한 적이 있었습니다. 우선 본 방송 전의

리허설에서 "그 이유는 정확히 알 수 없지만 '보'의 뒷면은 'と'로 되어 있습니다"라고 말했을 때, 제작진 중 한 사람이 "모처럼이니 일본장기연맹에 문의하여 본 방송에서는 'と'로 되어 있는 이유를 확실하게 이야기합시다"라고 제안했습니다.

그래서 제작진이 일본장기연맹에 전화로 문의한 결과, 장기연맹에서는 지금까지 그런 것은 생각한 적도 없었다고 하는 놀라운 답변이 돌아왔습니다. 장기의 총본산에서도 그런 상황이었는데, 연맹도 역시 체면에 관계된다고 생각했는지 잠시 시간을 달라, 알아보고 연락하겠다고 하는 것이었습니다.

마침 점심 전이었기 때문에 우리들은 점심식사를 하고 충분히 휴식을 취한 후 본 방송 녹화에 들어가기까지 답변을 기다렸습니다. 그러나 장기연맹에서의 답변은 도착하지 않았습니다.

우리들이 한가로이 도시락을 먹고 있는 사이에 장기연맹은 아주 급하게 조사한 것 같았습니다. 결국 두 시간 정도 지나서야 연맹에서 회답으로 "'토と'는 '금金'의 초서체가 변화한 형태로 생각할 수 있다"는 답변을 받았습니다. '보'가 상대의 진지에 들어가면 '금장金將'이 되기 때문에 '보'의 뒷면에는 원래 '金'이라 쓰여있었고, '금金'의 초서체가 어느새인가 히라가나 '토と'로 쓰이게 되었다고 합니다. 본 방송에서는 물론 그대로 설명하였습니다.

히로타 유적의 '山'도 장기의 말인 '보'의 뒷면에 있는 'と'와 마찬가지로 문자가 아니라 거기에는 그러한 형태의 도형을 그리는 것이라는 인식으로 새겨진 그림이라고 생각합니다.

일본인과 문자와의 만남

원래 문자가 없었던 일본인이 처음으로 접촉한 문자는 중국의 한자였습니다. 일본인이 한자를 사용하게 된 것은 로마자와 한자와 아라비아 문자 등 몇 가지의 문자가 눈앞에 있어서 그중에서 한자를 선택한 것이 아니라 일본인의 눈앞에는 한자밖에 없었던 것입니다. 말하자면 일본이 처한 지리적 상황에 유래한 숙명이었다는 것입니다.

일본 가까이에는 중국이라는 큰 나라가 있고, 에도江戶 시대 말기 산업혁명을 경험한 서양 사회와 만나기까지 일본이 문화적으로 배워야 할 대상은 중국과 중국의 영향을 강하게 받은 백제 등 한반도의 여러 나라들밖에 없었고 그러한 상태가 길게 지속되었습니다.

이처럼 일본인의 눈앞에는 한자 이외 선택의 여지가 없었지만, 문자를 눈으로 보는 것과 그것을 자유롭게 사용하는 것은 완전히 차원이 달랐습니다.

규슈나 산인^{山陰} 등의 연안 지방에 살았던 일본인이라면 물고기를 잡기 위해 바다로 배를 저어 나갔을 때 중국대륙이나 한반도에 살고 있던 사람들과 접촉하는 일이 빈번하였을 것입니다. 또한 그 때에 화폐나 도기 등, 한자를 써서 기록한 중국의 물품을 눈으로 보는 것도 당연히 있었을 것입니다. 그러나 당시 고대 일본인이 한자를 '문자^{文字}'로 인식하였을 가능성은 극히 희박하다고 생각합니다. 문자를 사용하게 되기까지는 일정한 사회적 성숙이 필요하며, 일본이 그 단계에 이르기까지는 지금부터 이야기하는 것처럼 몇 가지 과정이 필요하였습니다.

'한위노국왕^{漢委奴國王}'의 금인^{金印}

일본이 처음 중국 문헌에 기록된 것은 전한^{前漢}의 역사서인 『한서^{漢書}』「지리지^{地理志}」이며, 그곳에 "낙랑^{樂浪} 해상^{海中}에 왜인^{倭人}이 있는데, 백여 국으로 나뉘어져 있으며, 정기적으로 내조^{來朝}하여 조문^{獻見}한다고 한다"라는 기술이 보입니다. '낙랑'이란 전한의 무제가 한반도에 세운 식민지 국가로서 현재의 평양 부근에 있었습니다. 그리고 문장 중의 '왜'가 일본을 가리키는 것은 확실하기 때문에 당시 '백여 국'으로 나뉘어 있던 일본의 한 국가의 사신이 이미 정기적으로 대륙을 방문하였던 것으로 생각됩니다.

『한서』의 기술은 극히 간단하지만 후한의 역사를 기록한『후한서後漢書』에는 좀 더 상세하게 쓰여 있는데, 그「동이전東夷傳」에는 후한의 건무중원建武中元 2년(서력 57)에 왜의 '노국奴國'으로부터 사신이 수도 낙양을 방문하였으며, 황제(광무제光武帝)를 알현하고 '인수印綬'를 받았다는 기록이 있습니다.

일본 사신은 '인수', 즉 도장과 도장을 연결하는 끈을 받았는데 그것은 상당히 중요한 의미가 있었습니다. 고대 중국에서 인장은 왕조에 종사하는 관리의 신분을 나타내는 것이었습니다. 관리는 자신의 관명을 새긴 인장을 몸에 지니고 출근하도록 되어 있었는데, 도장印은 반드시 끈綬(인장을 연결하는 끈)과 한 세트로 되어 있었고, 끈은 관위의 순위에 따라서 색이 정해져 있었습니다. 덧붙여 말하면 오늘날 일본의 훈장인 '자수포장紫綬褒章'(학문, 예술 분야에 공헌한 자에게 정부가 주는 보랏빛 리본의 기장)이라든가 '황수포장黃綬褒章'(산업 분야에 공헌한 자에게 정부가 주는 황색 리본의 기장)과 같이 끈의 색에 따라서 순위가 나뉘는 것은 이 제도의 영향입니다.

이때 후한의 황제가 '노국' 왕에게 인수를 준 것은 그 왕에게 중국식의 관위를 부여한 것으로 이렇게 후한은 왜의 '노국' 왕을 지배하에 둔 것입니다. 중국과 교류를 하는 것은 '노국' 왕에게 있어서 명예임과 동시에 막대한 이익을 가져오는 것이어서 틀림없이 크게 기뻐했을 것입니다.

이때 '노국' 왕이 받은 것은 금인金印이며, 다른 문헌에 의하면 끈은 '보라색 끈紫綬'이었다고 합니다. 이 도장은 에도시대 덴메이天明 4년(1784)에 후쿠오카시 하카타博多만의 시가志賀섬에서 발견되었습니다. 금인은 국보로 지정되어 후쿠오카시 박물관에 전시되어 있습니다. 현재 끈은 땅 속에서 썩어버린 것인지 결국 발견되지 않았습니다.

이 금인에는 '한위노국왕漢委奴國王'이라는 다섯 문자가 새겨져 있었습니다. '위委'는 '왜倭'의 인人 변을 생략한 형태로서, 이 다섯 문자는 '한의 속국인 왜의 노국왕'이라는 의미로 해석할 수 있습니다. 이 도장은 비록 문자수는 적지만 서력 1세기의 왜인이 중국과 외교관계를 수립하고 있었던 것을 나타내는 귀중한 자료입니다. 다만 광무제로부터 왜의 노국에 전달된 조서詔書 등이 기록에 남아 있지 않기 때문에 이 단계에서의 국제 왕래의 구체적인 모습은 문헌상으로는 거의 생각할 수가 없습니다.

히미코卑弥呼의 등장

'왜'는 이후 후한에 사신을 파견한 것 같지만 얼마 안 있어 국내가 혼란해져 당분간 사신을 보낼 여유가 없어진 것 같습니다. 혼란

이 점차 수습되고 나서 야마타이邪馬台국의 히미코의 이름이 역사에 등장합니다.

히미코는 게이쇼景初 3년(239)에 처음 중국에 사신을 보냈습니다. 이 시기의 중국 왕조는 위魏나라로 명제明帝는 히미코를 '친위왜왕親魏倭王'에 임명하고 '노의 국왕'과 같이 보라색 끈이 달린 금인을 주었습니다. 게다가 히미코에게는 많은 명주絹와 동경銅鏡 그리고 진주 등을 주었습니다. 히미코가 받은 것으로 추정되는 거울이 얼마 전 나라奈良 구로즈카黒塚 고분에서 발견되어 고고학 애호가들의 뜨거운 주목을 받았습니다.

히미코는 그 후에도 여러 번 사신을 보내고 또 그녀의 뒤를 이은 이요壱与도 위나라를 이은 진晋(서진西晋)나라에 사신을 보냈습니다.

이러한 중국과의 교류를 통하여 다양한 물건이 일본에 전해졌는데, 인장이나 거울, 화폐 등과 같이 한자가 새겨져 있는 물건들이 많이 포함되어 있었을 것입니다. 그러나 당시의 일본은 아직 문자를 필요로 하는 단계에는 이르지 않았기 때문에 문자란 대체 어디에 사용하는 것인지 처음에는 그 용도를 전혀 이해할 수 없었습니다.

장식裝飾으로서의 한자

중국에서 들어온 거울을 모델로 일본인이 모방하여 만든, 복제 거울이 일본 각지에서 다수 발견되었습니다. 이것을 '방제경仿製鏡'이라고 합니다. 방제경 중에는 진품 거울에 주조된 길상구吉祥句(축하 어구)를 같은 장소에 주조해 넣은 것이 있지만 그 문장에는 종종 기묘한 점이 있습니다. 예를 들면 12지十二支의 순서를 잘못 배열하거나(간지干支는 한자문화에서 기본 중의 기본입니다) 변과 방의 위치를 바꾸어 놓거나 심하게는 완전히 형태를 흩뜨려 문양화한 것까지 있습니다. 즉 당시의 일본인은 명문에 사용되었던 한자를 단순한 장식으로밖에 이해할 수 없었던 것입니다. 문자가 전해져도 그것을 '문자文字'로 인식하기까지는 상당한 시간과 사회의 성숙이 필요하였던 것입니다.

〈그림 2-3〉
방제경의 하나, 중권(重圈) '久不相見長母相忘' 명경, 명문이 문양화되고 있다.(다테이와(立岩) 유적 39 호옹관(號甕棺) 출토)

외교를 위한 문자

이 당시 일본에서 한자는 주로 중국과의 국교를 유지하기 위한 것으로만 사용되었습니다.

『위지^{魏志}』「왜인전^{倭人傳}」에 의하면 야마타이국의 사신은 한반도를 경유하여 중국을 방문한 것으로 보이며, '이토국^{伊都國}'에 설치된 '이치타이소쓰^{一大率}'라는 역소^{役所}가 중국으로 가는 사절이 지닌 문서나 물품을 조사하는 곳이었다고 합니다. 히미코도 그곳을 창구로 중국과 교류하였을 것으로 생각되지만 그러한 역소에는 당연히 한자를 읽고 쓸 수 있는 사람이 있었음에 틀림없습니다.

『위지』「왜인전」에 의하면 히미코가 보낸 최초의 사신에 부응하여 위나라에서도 세이시^{政始} 원년(240)에 두 명의 관리를 왜에 파견하고 황제의 조서^{詔書}와 인수^{印綬}를 보냈습니다. 이때 보낸 황제의 조서가 정규 한문으로 적혀 있었을 것은 두말할 필요도 없습니다. 히미코는 위나라의 사신이 자국을 방문한 것에 감격하여 다시 '중국 사신편으로 상표^{上表}하고, 조은^{詔恩}을 답사^{答謝}'하였습니다. 즉 사신이 귀국하는 편에 부쳐 히미코가 황제에게 상표문을 보냈다는 것이지만 이 상표문도 물론 한문으로 적혀 있었을 것 입니다.

이상의 사실을 기록한 『위지』의 문장을 그대로 받아들인다면 히미코의 주변에는 정규 한문으로 문장을 작성할 수 있는 인물이 있었던 것이 됩니다. 그러나 이 답례의 상표문을 일본인이 작성하였다는 증거는 어디에도 없습니다. 필시 히미코는 한자에 의한 문장 작성을 한반도 도래인의 손을 빌리는 등으로 답례의 상서^{上書}를 바쳤을 것입니다. 당시의 한자의 사용 목적은 이처럼 어디까지나 우선 중국과의 외교관계가 중심이었습니다.

문자는 권력의 상징

일본에서 처음으로 문자를 취급한 것은 왕의 주변에 있었던 극히 일부의 관료들로, 지금으로 말하면 외무성의 고급관료에 해당하는 사람들이었습니다. 문자는 처음에 문자는 그런 일부의 사람들이 장악하고 있는 것으로 충분하였던 것입니다. 그리고 문자가 국가의 가장 중요한 부서에서만 취급된다는 이유 때문에 얼마 안 있어 문자가 권력의 상징 그 자체로 인식되어 갔습니다. 한자 사용법은 잘 모르지만 상당히 '고마운' 것이라는 인식에서, 일본인은 점차 외교관계 이외의 면에서도 문자를 사용하기 시작했던 것 같습니다.

이 단계가 되면서 한자는 도검^{刀劍}에 상감^{象嵌}되기도 하고 거울에 주조되기도 하였습니다. 그러나 그것은 여전히 유치한 한자문화였습니다. 일본인이 한자를 사용하여 자유롭게 고도의 문장표현을 할 수 있기까지는 아직 더 오랜 시간이 필요하였습니다.

3. 일본어를 쓰기 위한 궁리

음독音讀과 훈독訓讀

한자는 앞에서 서술한 것처럼 중국의 대표 민족인 한민족의 언어인 '한어'를 표기하기 위한 문자였습니다. 그러나 중국 이외의 사람이 자유롭게 구사하고, 또한 언어적으로 전혀 다른 일본어와 그 외의 언어까지도 표기할 수 있었던 것은 어떻게 가능했을까요?

그것은 한자문화권이 성립하기 위한 최대의 요점이 되는 중요한 문제이지만 궁극적으로는 한자가 표의문자였기 때문이라고 생각합니다.

각각의 문자가 모양과 발음뿐만 아니라 의미도 가지고 있는 표의문자는 문자의 음성언어와 떼어 놓아도 글자형태만으로 본래의 의미를 전달하는 것이 가능합니다. 예를 들면 '海'(해)라는 한자가 있다면 이 한자가 어떠한 의미인가를 알기 위해서 특별히 그 글자가 중국에서 어떻게 발음되는지를 알 필요는 없습니다. 실제 여러분들은 이 글자의 중국어 발음은 모르지만 이 글자를 일본어 속에서 구사할 수 있습니다.

즉 한자 한 글자마다 가지고 있는 의미와 각각의 언어에서 단어의 대응관계가 매우 쉽게 이해할수 있는 구조로 되어 있습니다. 앞에 언급한 '해海'라는 한자가 일본어 '우미ㅜㅈ'라는 단어를 의미하며, 이렇게 해서 '해海'라는 한자에 대한 일본어 읽기가 '우미'로 정해졌습니다. 이것이 일본어의 훈독이 됩니다.

그리고 그것과는 별도로 중국어 발음을 그대로 도입하여(물론 약간의 변화가 일어나지만) 각각의 한자 발음을 결정할 수 있었습니다. 그것이 음독입니다.

'만요가나萬葉假名'라는 방법

『고사기古事記』(712)와 『일본서기日本書紀』(720)에는 백제 도래인이 『논어』와 『천자문』을 오진應神천황에게 헌상하였다는 이야기가 기록되어 있습니다. 즉 적어도 『고사기』 등이 쓰인 8세기 초에는 한자로 쓰인 문헌을 접했던 것을 알 수 있습니다. 그리고 그와 함께 고대 일본인은 한자를 사용하여 일본어를 보다 정확하게 표기할 수 있는 연구도 소홀히 하지 않았습니다.

일본어 문장을 쓰는데 가장 곤란하였던 것은 지명과 인명이었습니다. '우메ウメ'나 '이누ㅓㅈ'와 같이 구체적인 것이라면 '매梅'나 '견犬' 등 그것을 나타내는 한자를 사용하여 표현할 수 있습니다. 그러나 그때까지 음성만으로 불리던 인명이나 지명을 문자로 쓸 때에는 표의문자인 한자를 그대로 사용하는 것이 아주 성가셨습니다.

그래도 한자의 음독을 잘 활용해서 연구한다면, 즉 '안安'은 '아あ'라는 발음을, '가呵'는 '카か'라는 발음을 나타내는 문자로 사용한다면 일본의 지명이나 인명 등을 원래의 발음에 가까운 형태로 표기할 수 있습니다. 이렇게 해서 '이즈모いづも'라는 지명은 '伊豆毛'로 쓰고 '나니하なには'라는 지명은 '奈尓波'라고 씁니다.

원래 표의문자인 한자의 의미를 버리고 표음문자로 사용하는 방법을 일본인은 최초 『만엽집萬葉集』(나라 말기~헤이안 초기) 등에 활발하게 사용하여 많은 인명이나 지명을 기록하였으며 더욱이 사물의 표현에도 응용하였습니다. 이러한 표기방법을 '만요가나萬葉假名'라고 합니다. 덧붙여 말하자면 현재의 중국에서도 외국의 지명이나 인명을 나타낼 때는 이 방법을 이용하고 있습니다. 예를 들면 영국의 수도 런던은 '윤돈倫敦', 일본어로 '붓슈ブッシュ'라고 쓰는 미국 대통령은 중국에서는 '포십布什'이라고 씁니다.

가나假名의 발생

만요가나에는 '가나假名'라는 말이 보이는데 '假名'의 '名'는 원래 '문자'라는 의미였습니다. 당시 가장 정통적으로 여겨진 문장은 정식 한문이며, 한자를 '마나眞名'라고 불렀습니다. 한자 '마나'를 일본의 시스템에 맞게 궁리한 표기가 '가나'인 것입니다.

이러한 가나의 시초가 앞서 언급한 '만요가나^{萬葉假名}'이지만 얼마 지나지 않아 각각의 한자 변이나 방을 이용하거나 문자 전체를 간략화하여 한자의 발음을 나타내게 되었습니다. 만요가나의 '伊'를 변만으로 '이亻'로 나타내고, '呂'를 '로口'로 쓰게 된 것입니다. 이것이 가타카나의 시초인데, 가타카나는 본래 승려가 불전을 학습할 때 정확하게 읽기 위하여 경전의 행과 행 사이 좁은 공간에 마치 지금의 후리가나(한자의 읽는 음을 가나로 표기한 것)와 같이 써 넣은 것이 최초라고 생각할 수 있습니다.

그리고 그것과는 별개로 한자의 초서체를 이용한 간략체가 만들어졌습니다. 예를 들면 만요가나의 '波'를 초서로 흘려 쓴 형태에서 'は(하)'가 되고, '仁'을 흘려 쓴 형태에서 'に(니)'가 되었습니다. 이렇게 한자의 초서체로부터 만들어진 것이 히라가나입니다.

또한 이 시대에는 남녀에 따라서 문자의 사용구별이 있었습니다. 지식계급의 남성이 유학이나 불교 경전을 학습하거나 한시^{漢詩}를 짓거나 할 때는 한자를 사용하였습니다. 그에 반해 여성은 한자를 거의 사용하지 않고 히라가나를 사용하는 것이 일반적이었습니다. 그래서 히라가나를 '온나테^{女手}'라고도 부릅니다.

중국에서 전래된 한적^{漢籍}이나 불전^{佛典}을 배우는 것이 정통적인 학문으로 여겨지던 시대에는 여성밖에 사용하지 않는 히라가나는 한자보다 가치가 한 단계 낮은 문자라고 생각되었습니다. 그러나 『겐지모노가타리源氏物語』나 『마쿠라노소시枕草子』등 훌륭한 여류 문학작품이 많이 저술되고 또 와카和歌의 세계에서는 히라가나를 사용하는 것이 당연하다고 여겨졌기 때문에 남성들 사이에서도 히라가나 사용이 확대되어 히라가나를 사용하여 문학작품을 쓰는 사람이 나타나기 시작하였습니다.

오늘날의 일본어는 표의문자인 한자와 표음문자인 히라가나·가타카나를 구별하여 쓰고 있습니다. '한자 가나 혼용문'이라는 표기를 일본인들은 평소 의식하지 않지만 성질이 다른 문자를 적어도 3종류나 자유자재로 구별하여 쓸 수 있는 언어는 세계적으로 거의 유례가 없습니다. 그 점에서 일본어는 세계에 유례가 없는 지극히 유일한 표기체계를 가지고 있는 것입니다.

4. 일본인이 만든 한자

성가신 자기소개

중국과 일본은 모두 한자를 사용하기 때문에 명함을 그대로 교환할 수 있는 등, 일본과 중국간의 교류는 사정이 좋지만, 세계 여러 나라의 사람 이름은 각각의 언어로 발음하게 됩니다. 예를 들면 야마다^{山田} 씨가 중국에 가면 샨티엔^{Shāntián} 씨라고 불리며, 나카가와^{中川}씨는 총촨^{Zhōngchuān} 씨가 됩니다. 반대로 우리들은 중국인의 이름을 일본어 발음으로 읽고 있는데 마오쩌둥^{Máo Zédōng}으로 발음되는 毛澤東은 '모타쿠토'이며, 양고에휘^{Yáng Guìfēi}로 발음되는 楊貴妃를 '요키히'로 부르고 있는 것입니다.

개인적인 이야기이지만 이러한 중국식 호칭으로 저는 항상 고생합니다. 왜냐하면 중국인과 명함을 교환하면, 귀하의 성^姓에는 이상한 문자가 있는데, '辻'라는 것은 도대체 어떤 의미인가, 온전한 한자인지 그렇지 않으면 일본에서 만든 기호 같은 것인지 또 한자라면 중국어로는 어떻게 읽으면 좋은지 등 항상 이것저것 질문을 받기 때문입니다.

중국인과의 모임이나 연회석에서는 명함에 있는 '辻'라는 글자로 이야기가 탄력받아 다른 사람은 1분이면 자기소개가 끝나는데 저는 최저 5분은 걸려야 합니다. '辻'는 '畑'(화전)이나 '畠'(밭), '榊'(신나무), '鴫'(도요새) 등과 같이 일본인이 만든 문자로 중국에는 이들 한자는 원래 존재하지 않습니다. 이러한 일본식 한자를 일본에서는 '국자^{國字}'라고 합니다.

중국에 없는 한자는 당연히 중국어 발음이 없습니다. 때문에 저와 같이 국자를 성으로 가진 사람은 그 글자의 중국어 발음을 만들어야만 합니다. 그러나 한자 발음은 아무나 마음대로 만들 수 있는 것이 아니며, 거기에는 일정한 원칙이 있습니다.

상세한 것은 다음 장에서 서술하지만 한자의 대다수는 '형성문자'라고 해서 의미를 나타내는 요소와 발음을 나타내는 요소의 조합으로 만들어져 있습니다. 때문에 이들 일본식 한자를 형성문자라고 생각하여 글자 형태의 오른쪽 부분(즉 변의 부분)에서 발음을 만들어 냅니다. '辻(십)'이라면 책받침 위에 있는 十(십)에 의해서 쉬^{shí}('십十'의 중국발음, 이하 같음)로, '畠(밭 전)·畑(화전 전)'이라면 田(전)에 의해서 티엔^{tián}으로, '榊(신나무 신)'이라면 神(신)에 의해서 신^{shén}이라는 방식으로 발음하게 됩니다.

국자國字 만드는 방법

국자에 대한 중국어음을 정할 때에는 각각의 문자를 형성문자로 간주하지만 실제로 국자 대부분은 '회의會意'의 방법으로 만들어진 것입니다.

회의란 몇 개의 요소를 사용해서 문자를 만들고 각각의 요소가 가지는 의미를 종합적으로 조합하여 전체의 의미를 정하는 방법입니다. 예를 들면 人(인)과 言(언)을 조합하여 '信(신)'이라는 글자를 만들고 '인간의 말은 성실이다'에서 '정성(誠)'이라는 의미를 나타내는 것과 같은 방법입니다.

실제로 회의의 방법으로 만들어진 국자에 대해서 몇 개의 예를 들어보겠습니다.

목(木)+신(神)으로 '사카키(榊)'(신나무, 신에게 바치는 나무)

목(木)+견(堅)으로 '가시(樫)'(견고한 나무의 뜻)

어(魚)+설(雪)로 '다라(鱈)'(대구, 눈의 계절의 물고기)

의(衣)+상(上)+하(下)로 '가미시모(裃)'(저고리와 바지, 상하 갖추어진 옷)

신(身)+미(美)로 '시쓰케(躾)'(예의범절을 가르침, 신체를 아름답게 보이기 위한 교육)

이 방법은 한자 의미에 익숙한 일본인은 용이하게 이해할 수 있는 것으로, 위에 들지 않은 예 중에 '시키鵐(도요새)', '도게峠(고개)', '오로시颪' 등은 그 구성을 바로 알 수 있을 것입니다.

대다수의 국자는 이렇게 회의로 만들어졌지만 그중에는 극히 드물게 형성적인 방법으로 만들어진 것도 있습니다. 마찬가지로 예를 들어보면,

어(魚)+희(喜)(음 키)로 '기스(鱚)'(보리멸)

어(魚)+강(康)(음 코)으로 '안코(鱇)'('안강(鮟鱇)'의 강(鱇))

금(金)+병(兵)(음 뵤)으로 '가뵤(鋲)'('화병(畵鋲)'의 병(鋲))

등이 그 예입니다.

국자는 언제쯤 만들어졌는가?

'국자'는 도대체 언제, 누가, 어떻게 해서 만든 것일까요? 이 문제에 대한 정확한 답변은 어렵지만 지금까지의 출토자료로부터 추정하면 일부 국자는 나라시대부터 이미 사용되었다는 것을 알 수 있습니다.

와도和銅 3년(710)부터 엔랴쿠延曆 3년(784)까지 수도였던 헤이죠平城궁 유적에서 대량의 목간이 발견된 것은 널리 알려져 있습니다. 그중의 한 목간에 '이와시鰯'(정어리)라는 글자가 적혀있었습니다.

'이와시'는 어魚와 약弱을 조합하여 '약한 물고기, 곧 죽는 물고기'라는 의미로 만들어진 국자입니다. 그러나 헤이죠궁 이전의 수도였던 후지와라藤原궁 유적에서 발굴된 목간에도 이와시イワシ는 등장하는데, 거기에는 만요가나로 '이와시伊委之'라고 쓰고 있습니다.

이와 같이 중국의 한자로는 표현할 수 없는 사물이나 개념을 고대 일본인은 만요가나로 표기하였는데, 어느 시기부터인가 국자를 만들어 표기하게 된 것입니다. 국자의 성립 배경은 한문이 보급되고 한문 형식에 준하여 문서를 작성하는 과정에 만요가나 방식은 한자보다 한 단계 낮은 것으로 인식되었던 까닭에 국자가 만들어졌다고 할 수 있습니다.

어魚변의 한자

그렇다면 도대체 어떤 개념이 국자에 표현되었는지를 생각해 볼까요. 대부분의 국자는 중국에는 존재하지 않는 사물이나 개념을 나타내기 위해 만들어졌습니다.

오늘날의 중국에는 정어리 통조림이 수입되기 때문에 현대 중국인이 정어리를 모를 리는 없습니다. 그러나 정어리에 대한 현대 중국어는 '사정沙丁'이라는 두 글자로 쓰고 샤딩shǎdīng으로 발음합니다. 이것은 영어 샤딘sardine의 음역어로 중국어에 있어서는 외래어입니다. 일본에서 정어리 '이와시'라는 물고기를 나타내는 전용 한자 '鰯'는 중국에서는 만들어진 적이 없는 한자로 일본의 국자입니다.

예로부터 '지대물박地大物博'(대지는 넓고, 물산은 풍부하다)이라고 형용되는 중국이지만 해산물에 있어서는 조금 빈약하며, 고대 중국인은 필시 이와시를 본적이 없었을 것입니다.

중국은 동쪽과 남쪽이 바다에 접해 있지만 고대 문화가 번영한
것은 황하중류 지역의 내륙부로서 거기서는 평생 바다를 본 적이
없는 사람이 압도적으로 많았습니다.

　그에 대해 우리나라는 사방이 바다로 둘러싸여 있어서 생활물
자의 많은 것을 바다로부터 얻어왔습니다. 그중에서도 어류는 종
류가 상당히 많고 자원으로서 더없이 풍족한 상황에 있습니다. 일
본인이 예로부터 먹어온 물고기는 중국대륙의 식생활에 등장하지
않는 것이 많으며 결과적으로 그 물고기를 나타내는 한자가 존재
하지 않는다는 것이 됩니다. 그런 이유로 어魚 변의 국자가 많이 만
들어졌습니다. 번화한 거리에서 자주 화제가 되는 초밥집의 큰 찻
잔에 쓰인 어魚 변 한자는 대부분이 국자이며 마찬가지의 현상이
식물에 대해서도 지적할 수 있습니다.

　중국과 일본은 생활환경이나 문화면 등 공통되는 부분이 많이
있지만 동시에 일본에만 존재하는 것 또한 적지 않습니다. 일본과
중국에서 공통되는 부분에 대해서는 물론 중국에서 만들어진 한
자를 수입하여 그것을 일본어를 나타내는 문자로 사용해 온 것이
지만 일본 고유의 사물이나 개념을 나타내기에는 중국제 한자만
으로는 부족하였습니다. 그래서 그것을 보충하기 위하여 한자의
구성 원리에 따라서 새롭게 만들어진 문자가 국자인 것입니다.

제3장

———

한자를
만드는 방법

1. 한자의 구조

'문文'과 '후미ふみ'

'문자文字'라는 말은 중국에서 차용된 한어인데 그것에 대한 일본 고유의 말에 '후미ふみ'가 있습니다. 그러나 이 '후미'라고 하는 것도 사실 어원적으로는 '문文'='분ぶん'이라는 발음 변화에 의한 것이라고 생각할 수 있습니다. 그렇다면 '후미'도 본래는 순수한 일본어가 아닌 중국기원의 말이 되어버립니다. 중국의 한자를 받아들이기 이전 일본에는 문자가 없었습니다. 따라서 '문자'를 의미하는 일본어가 존재하지 않은 것은 생각해 보면 당연한 것입니다.

문자라는 매체를 일본인은 '문'='후미'라는 말로 받아들인 것입니다. 이 경우의 '문'은 오늘날 일본어에서 사용되는 '문장文章'(sentence)이라는 의미가 아니라 '문자' 즉 언어를 써서 나타내기 위한 부호 시스템을 의미하는 말이었습니다.

'문文'과 '자字'

일찍이 '후미'라고 불린 언어표기를 위한 부호시스템을 오늘날 우리들은 '문자'라고 부르고 있습니다. 오늘날 중국에서도 역시 '문자'라고 부릅니다. 그러나 본래 고대 중국에서 행해진 한자에 대한 자세한 연구에서는 '문자'의 '문'과 '자'는 각각 다른 개념으로 나눠서 사용하고 있었습니다.

이 구별은 지금까지 한자가 만들어져 온 이치를 분석한 결과 알게 된 사실입니다. 한자 탄생 이후 지금까지 중국에서는 놀랄 만큼 많은 한자가 만들어졌지만 그 과정을 자세히 살펴보면 실제로는 두 단계밖에 없었다는 것을 알 수 있습니다.

예를 들어 '講(강)'과 '義(의)'라는 한자를 생각해볼까요. 이 두 한자가 만들어지기 전에 言(언)과 冓(구), 혹은 羊(양)과 我(아)라는 한자가 반드시 존재하였을 것입니다. 마찬가지로 '詞(사)'라는 한자가 만들어지기 전에 言(언)과 司(사)가 존재하였을 것입니다.

이렇게 생각한다면 모든 한자가 동시에 만들어진 것이 아니라는 것을 알 수 있습니다. 오늘날 한자 사전에는 수만 자의 한자가 수록되어 있지만 그 많은 한자가 축적되어 온 과정을 추정하면 처음에는 기본적인 단위로서 사용되는 한 무리의 문자가 만들어지고 다음에 그것들을 조합하여 제2단계의 문자가 만들어지는 절차가 있었던 것입니다.

중국의 전통적인 문자연구에서는 한자의 성립을 이와 같이 두 단계로 나눠 생각하고 있습니다. 즉 최초로 만들어진 '단체單體'(그 이상 분할할 수 없는 것)를 '문'이라 부르고 이후에 만들어진 '복체複體'(단체 문자를 몇 개인가 조합한 것)를 '자'라는 명칭으로 불러, 양자를 명확하게 구별하고 있습니다.

'문'은 다른 문자를 만드는 요소가 되는 것으로 단독으로 한자의 변이나 방이 될 수 있습니다. 이와 관련하여 그와 반대로 변이나 방 등으로 분해할 수 있는 한자가 '자'라는 것입니다.

그것을 앞에 언급한 예로 설명한다면 최초에 있었던 언言과 구冓, 양羊과 아我 혹은 언言과 사司가 '문'이고 그것들을 조합시킨 강講과 의義, 혹은 사詞가 '자'가 되는 것입니다. 이어 그 외 다른 예를 들어보면

산(山) · 수(水) · 마(馬) · 조(鳥) · 우(牛) · 견(犬) · 용(龍) · 문(門)

등은 모두 '문'이며, 그것들을 구성요소로서 사용하는

기(崎) · 항(港) · 구(驅) · 학(鶴) · 물(物) · 구(狗) · 습(襲) · 간(間)

등이 '자'가 됩니다.

나무 위에 서서 보는 '친親'?

어떤 한자를 몇 개의 구성요소로 분해하여 그 문자의 구성으로부터 그 글자가 본래 어떠한 의미였는가를 생각하는 것, 즉 한자의 자원字源을 연구하는 것은 현대 일본인에게도 상당히 흥미 깊게 느껴지는 것 같습니다. 한자의 자원에 관한 서적이 다양한 출판사로부터 여러 권 출판되었고 나 자신도 그런 내용의 책을 쓴 적이 있습니다.

출판 세계뿐만 아니라 일상적인 사회생활 속에서도 한자의 자원에 관한 이야기를 접할 경우가 종종 있습니다. 예를 들면 교장선생님이나 회사 사장님이 어떤 행사나 식전 인사에서 하는 이야기라든가 또 결혼식 연설 등에서 한자 자원에 근거한 이야기가 자주 회자됩니다.

오래전의 일이지만 저는 초등학교 졸업식에서 '친親'이라는 글자에 대해서 교장선생님이 말씀해주신 것을 지금도 분명하게 기억하고 있습니다. 그것은 대강 다음과 같은 이야기였습니다.

'親'이라는 한자는 木(목)과 立(립)과 見(견) 3개의 조합으로 되어 있는데 그것은 친親이란 나무木 위에 서立서 아이를 보見고 있는 사람이라는 뜻이기 때문이다.

여러분들은 오늘, 떳떳하게 초등학교를 졸업하지만 지금까지 성장할 수 있었던 것은 오로지 부모님이 계속 여러분들을 지켜봐 주신 덕분이다. 또한 앞으로도 부모님은 여러분들을 계속 따뜻하게 지켜봐 주실 것이다. 부모란 이렇게 진실로 감사한 존재이다……

이 이야기가 우리 은사님의 독창적인 것이었는지는 알 수 없지만 초등학교 졸업식에서 들었기 때문에 졸업하는 아이들은 가슴이 찡하였습니다. 그것은 부모님에 대한 감사의 기분을 불러 일으켰으며 진실로 잘 만든 훈화라고 생각하였고, 어린 마음에 감동하였으며 과연 그렇다고 납득하였습니다.

사람의 말을 믿는 사람이 '저儲'인가?

한자의 구성을 근거로 한 이야기는, 그렇게 좋은 내용만 있는 것은 아닙니다. 다음에 소개하는 것은 이미 오래된 사건으로 '종이

상법'이라는 이름으로 세상을 떠들썩하게 한 큰 사기사건으로 혼자 사는 고독한 노인이 고이 간직해 두었던 재산을 사기 당했을 때에 사용하였다는 '호림 문구'였습니다.

귀가 솔깃한 세상 이야기 등으로 외로운 노인에게 접근한 세일 즈맨은 악랄한 계약을 성립시키고자 거절할 줄 모르는 노인에게 "내가 말하는 대로 하면 반드시 돈을 벌 것입니다. 자 봐요 '득이 되다信'라는 글자는 사람亻이 말하는言 것을 믿는信 사람者이라고 쓰지 않습니까……"라는 교묘한 말로 노인을 감쪽같이 속였다 합니다.

'골滑'은 물水의 뼈骨?

한자의 구조를 분석하여 그 구성으로부터 본래의 의미를 연구하는 것은 최근 일본에서 시작된 것이 아닙니다. 중국에서는 예로부터 계속 행해져 온 것입니다.

북송시대의 정치가이며 또 고명한 문학자였던 왕안석王安石(1021~1086)도 한자의 구성을 연구하는 것이 취미였으며 그는 자신의 문자연구 성과를 『자설字說』이라는 서적으로 정리하였습니다.

왕안석이 어느 날, 송대를 대표하는 문학자인 소식蘇軾(1036~1101년)에게 "'파波'란 물의 가죽이다"라고 하니, 소식으로부터 "그럼 '골滑'은 물의 뼈骨인가"라며 조롱당했다는 이야기가 있습니다.

올바른 해석은

'親'과 '儲'와 '波'라는 세 한자에 대해서 구성과 관련된 이야기를 소개하였지만, 사실은 세 개의 해석은 문자학적으로 본다면 유감스럽게도 모두 틀렸습니다.

처음의 '親'은 잘 만든 설득적인 이야기로 무의식중에 믿어버릴 것 같지만 옛날 글자 형태는 '親'은 立(립)의 아래가 末(말)로 되어 있습니다. 그래서 木(목) 위에 서 있다는 점이 틀렸지만 그러나 부모님이 보이지 않는 곳에서 몰래 아이를 지키고 있다는 것은 실로 좋은 이야기입니다.

다음의 '儲'는 엉터리라고 볼 수 있습니다. '儲'는 人(인)과 諸(제)로부터 이루어진 형성문자로 諸는 단지 발음을 나타내는 요소에 지나지 않습니다. 확실히 언뜻 보기에 '儲'에는 인변이 있고 중앙에는 言, 오른쪽에는 者가 있어서 인변과 言을 조합하면 '신信'이 됩니다만 그러나 '사람이 말하는 것을 믿다'라는 설명에서는 중앙의 言을 2회 사용하고 있습니다. 한자에는 이렇게 하나의 요소를 중복 기능하도록 만든 경우는 없습니다. 그래서 가만히 생각해 보면 완전히 엉터리라는 것을 알 수 있지만 처음 그것을 들었을 때는 무심코 믿어버릴 수 있을 것입니다. 이러한 것이 한자의 마력이라고 할 수 있을지도 모릅니다.

마지막의 '波'는 반론으로 언급한 '골滑'과 함께 水(수)가 의미를 나타내는 요소이고 방인 皮(피)와 骨(골)은 모두 발음을 나타내는 요소일 뿐입니다. 왕안석은 한자 구성의 발음을 나타내는 부분의 의미를 생각했기 때문에 틀린 해석을 한 것입니다.

2. 한자의 성립

'육서六書'라는 이론

한자의 구성을 생각하는 것은 확실히 재미있고 흥미로운 것이지만 그렇다고 해서 자기 좋을 대로 한자를 분해하여 설說을 세워도 된다는 것은 아닙니다. 한자 구성에 대한 해석에는 잘 정리된 이론이 있기 때문에 그 이론에 근거하여 분석을 해야만 합니다.

한자 해석의 기본적인 방법을 '육서六書'라고 합니다.

육서는 전한 말기부터 후한 초기에 걸쳐서 고안된 이론으로 구체적으로는 상형象形 · 지사指事 · 회의會意 · 형성形聲 · 전주轉注 · 가차假借의 여섯 종류로 분류하고 있습니다. 이 중에 앞의 네 종류 즉 '상형'에서 '형성'까지는 한자를 만드는 방법에 관한 원칙이며, 뒤의 두 종류인 '전주'와 '가차'는 한자를 사용하는 방법에 관한 원칙이라고 합니다.

그런데 전주와 가차에 대해서는 여러 가지 미해결 문제가 많으며, 특히 전주는 중국문자학 이천년의 수수께끼라고도 할 수 있을 만큼 현재에 이르기까지 "이것이 전주다"라고 만인이 인정할 명확한 설이 없습니다. 상세히 언급하면 아무래도 전문적인 이야기가 되어 버리기 때문에 이 책에서는 전주에 대한 설명은 생략합니다. 또한 가차에 대해서는 다음 장에서 구체적인 예와 함께 설명하기로 합니다(135쪽 이후).

상형象形에 대해서

육서의 첫 번째는 '상형'입니다. 이 말은 예를 들면 '고대 이집트의 상형문자'와 같이 지금의 일본어에서도 자주 사용되지만 본래는 이 육서의 용어에서 온 것입니다.

한자에만 한정되는 것이 아니라 세계의 고대 문자는 회화繪畵에서 시작되었다고 전해집니다. 말이 있다면 그것을 나타내는 문자로서 고대인은 말을 그리고, 산이 솟아 있는 모양을 그려서 산을 나타내는 문자로 하였습니다. 말이나 소, 혹은 산이나 강은 세계 어느 지역의 사람이 그려도 거의 같은 모양이 될 것입니다.

구체적인 물건을 본뜬 도형이 문자로서 사용되기 위해서는 우선 그 도형이 언어로 사용되는 단어와 일대일로 연결되지 않으면 안 됩니다. 태양을 본뜬 ⊟(갑골문자의 '일⽇')이라는 모양을 보고 그 시대의 중국인이 태양을 나타내는 단어를 머릿속에 떠올렸을 때 글자 형태와 음성언어가 연결되고 그렇게 해서 태양이라는 의미를 나타내는 문자가 되었다고 할 수 있습니다.

이러한 방법으로 만든 글자는 이집트에서도 메소포타미아에서도 완전히 같을 것입니다. 세계의 고대문자는 언제부터인가 그림문자의 단계를 벗어나 언어 속의 단어와 연결되면서 상형문자가 탄생했습니다.

일본에서는 초등학교 국어교과서 속에 한자 구성에 관한 기술이 있는데 '물건의 모양으로부터 만들어진 한자'로 日(일)·月(월)·山(산)·川(천)·木(목)·田(전) 등 몇 개의 상형문자 출신 한자가 예쁜 그림과 함께 나열되어 있습니다. 이러한 형식이라면 저학년 아동이라도 상형 문자의 구성을 잘 이해할 수 있을 것 입니다.

이렇게 하여 만들어진 상형문자는 많습니다. 특히 동물을 나타내는 문자에는 상형문자인 것을 쉽게 알 수 있는 예가 많이 있습니다. 갑골문자에서는 어떠한 동물이라도 그 특징이 회화적으로 잘 표현되어 있습니다. 예를 들면 '象(상)'과 '馬(마)'는 긴 코와 갈기를 표현하였고, '牛(우)'와 '羊(양)'은 뿔의 형태의 차이를 이용하여 표

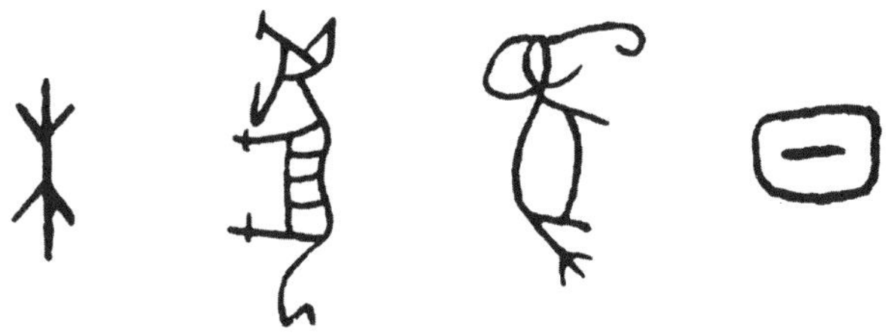

木 虎 象 日

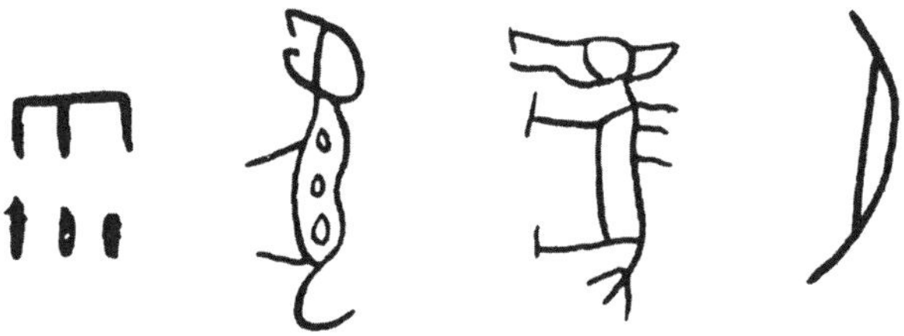

雨 豹 馬 月

현하였습니다(32쪽 참조). 그리고 '虎(호)'와 '豹(표)'는 몸의 모양을 교묘하게 그려내고 있습니다.

물론 동물 이외에도 상형문자는 많이 있는데 '일日'은 태양을, '월月'은 하늘에 뜬 반달을 본뜬 것입니다. 그리고 '목木'은 서 있는 나무가 가지를 양측으로 늘어뜨리고 있는 모양이며, '우雨'는 하늘에서 물방울이 방울방울 떨어지는 모양을 각각 본뜬 것입니다.

지사指事에 대해서

산이나 물고기와 같이 눈에 보이는 실체가 있는 것이라면 상형의 방법으로 쉽게 문자화할 수 있습니다. 그러나 눈에 보이지 않는 추상적인 개념은 그림으로 표현할 수 없어 문자화 하는 것이 그렇게 간단하지는 않습니다. 그러한 경우 한자에서는 '지사'라는 방법을 사용해서 해결하였습니다.

육서의 두 번째인 지사란 기호를 사용하여 추상적인 개념을 암시적으로 제시하는 방법으로 예를 들면 '일一', '이二', '삼三'이라는 숫자와 '상上'이나 '하下' 등이 그것에 해당합니다.

'一', '二', '三' 이라는 모양은 가로 막대를 각각의 수만큼 나열한 모양을 나타내고 있습니다. 또한 '四(사)'도 갑골문자와 같이 옛날 글자 모양으로는 선을 가로로 4줄 나열한 모양으로 나타낼 수 있습니다('三'). 이와 같이 평행으로 나열한 가로 막대는 예를 들면 나무 가지라든가 나뭇개비 등 구체적으로 특정할 수 있는 물체가 아닌 단순한 기호에 불과한 것입니다.

'상上'과 '하下'라는 개념도 그것만을 그림으로 그리는 것은 상당히 어렵습니다. 따라서 어떠한 기준선의 위나 아래에 무엇이 존재한다는 것으로 보이고자 하였습니다. '上'과 '下'는 옛날에는 '二', '⌒'와 같이 썼으며 한 줄 긴 선의 위나 아래에 작고 짧은 선을 배치하는 것으로 그 추상적인 개념을 표현한 것입니다.

한자에서는 추상적인 개념을 이렇게 기호를 교묘하게 배치하는 것으로 표현합니다. 이것이 지사라는 방법입니다. 게다가 지사는 이런 단순한 구조 이외에 이미 상형의 방법으로 만들어진 문자를 이용하여 그것에 어떠한 기호를 추가한 것도 있었습니다.

'본本'과 '인刃'의 구조

'木'은 상형문자입니다. 그러나 나무의 뿌리와 나뭇가지 끝 부분을 빼내어 회화적으로 그리는 것은 상당히 어려운 일입니다. 그래서 상형문자인 '목木'을 기준으로 하고 그 아래나 위에 해당하는 부분에 마치 "여기예요"라고 말을 거는 것처럼 기호를 붙인 문자가 만들어졌습니다(未·未). 그것이 '본本'(나무의 뿌리)과 '미末'(나무의 나뭇가지 끝)입니다. 그리고 이 두 개의 문자는 이후에 의미가 넓어져서 수목의 특정 부분뿐만 아니라 일반적인 근원根源 또는 선단先端을 의미하는 문자로서 사용되게 되었습니다.

마찬가지의 경우가 '刃(인)'이라는 한자에도 보입니다. 칼을 상형문자로서 그리는 것은 간단하며 '刀(도)'는 그렇게 해서 만들어진 한자입니다(丿). 그러나 '도刀'에 붙어 있는 '인刃'은 요컨대 금속을 날카롭게 갈아서 윤을 낸 부분으로 그것만을 빼내어서 보는 것은 불가능합니다. 그래서 상형문자인 '刀' 위에 해당 부분에 ㇏ 기호를 추가한 문자가 만들어졌습니다( ). 이것이 '인刃'이라는 한자이며, 지사로 만들어진 한자로 분류됩니다.

회의會意 · 형성形聲에 대해서

지금까지 설명해 온 상형과 지사의 방법에 따라 우선 기본적인 문자인 '문'이 대략 만들어졌습니다. 그리고 이 '문'을 두 개 또는 그 이상 조합시켜 만든 '자'로 보다 복잡한 의미를 나타내는 문자를 만들었습니다. 그때에 사용된 것이 '회의'와 '형성'이라는 방법입니다.

회의란 몇 개의 '문'을 조합하여 각각의 구성요소가 '문'으로서 가지고 있는 의미를 종합적으로 생각하여 전체 한자의 의미를 도출하는 방법입니다. 그것에 대해 형성이란 '문'을 몇 개 조합하는 것까지는 회의와 같지만 그중의 한 요소는 뜻을 나타내지 않고 '문'의 발음에 따라 새로 만드는 한자의 뜻을 표시하는 방법입니다.

이 두 가지 방법의 차이를 회의로 만들어진 '明(명)'과 형성으로 만들어진 '昭(소)'를 예로들어 설명하겠습니다.

두 개의 '자'는 모두 日(일)이라는 '문', 즉 일변을 구성요소로 가지며, 태양이라든가 빛에 관한 의미임을 나타내고 있습니다. 이와 같이 '자' 중에서 대략적인 의미를 나타내는 요소를 '의미부意符'라고 합니다.

이 두 개의 한자는 日이 의미부로 기능하고 있지만 일변 이외의 요소를 보면, '明'에는 月이라는 '문'이 있으며 이것은 '明'이라는 복체문자複體文字(='자') 중에서 '하늘에 떠 있는 천체로서의 달'이라는 의미를 나타내고 있습니다. 즉 '태양太陽'과 '달'을 조합시켜 '태양이나 달이 하늘에 나와 있는 상태'라는 것에서 전체적으로 '밝다'라는 의미를 나타내는 것입니다.

한편 '昭'는 일변과 김(召)의 조합입니다. '召'라는 한자는 그것만으로는 '불러서 가까이 오게 하다, 불러내다'라는 의미를 가지고 있지만, '소(昭)'라는 글자의 내부에 사용된 召는 의미를 나타내는 요소가 아니라 '소'라는 발음을 나타내기 위해 사용되고 있는 것에 불과합니다.

일변이 붙은 문자, 즉 태양에 관한 사항으로 소라는 발음을 들으면 "아, '밝다, 눈에 띈다'라는 의미구나"라고 고대 중국인들은 바로 이해하였던 것입니다.

벚꽃과 매화

'昭'라는 한자는 형성이라는 방법으로 만들어졌습니다. 형성이란 음성언어에 있어서 발음을 이용하여 의미를 나타내는 방법입니다. 이 방법을 사용하면 상형이나 지사, 회의로는 문자화하기 어려운 개념을 얼마든지 문자로 나타내는 것이 가능합니다. 그리고 실제로 형성이라는 방법을 사용하는 것으로 한자의 수량은 비약적으로 증가하게 되었습니다.

'木'은 앞에서도 기술한 것처럼 나무를 본뜬 상형문자입니다. 그렇지만 벚꽃이라는 나무와 매화라는 나무를 나타내는 한자를 각각 따로 만들라고 한다면 어떻게 해야 할까요?

벚꽃과 매화를 서로 구별할 수 있도록 상형문자화하는 것은 매우 어려운 일입니다. 그러나 문자를 만들기 전에 우선 그 종류의 나무에 대한 말이 있었을 것입니다. 만일 지금 고대 중국에서는 벚꽃을 'yīng'으로, 매화를 'méi'라고 부른다고 가정합시다(여기서는 편의적으로 현대중국어의 발음을 사용합니다). 그리고 나무를 나타내는 목木에 영嬰(yīng이라고 읽는다)과 매每(měi라고 읽는다)라는 요소를 조합해서 '櫻'과 '梅'라는 한자를 만들면 어떨까요. 각각의 문자를 본 사람은 나무에 관해서 yīng이기 때문에 벚꽃이구나, měi이기 때문에 매화구나 하고 이해할 수 있습니다. 이렇게 해서 '櫻'과 '梅'라는 형성문자가 만들어졌습니다.

형성이라는 방법을 사용하면 아무리 문자화하기 어려운 개념이라도 그것과 같은 음인 기성^{旣成}의 문자를 '소리 부'(발음을 나타내는 요소)로서 사용하여 쉽게 문자로 만드는 것이 가능하였습니다. 현재 사용되고 있는 한자의 70% 이상은 이렇게 해서 만들어진 형성문자인 것입니다.

형성문자의 효용

한자에는 형성으로 만들어진 문자가 압도적으로 많지만 그것은 우리들의 일상적인 경험에 의해서도 증명할 수 있습니다.

메이지시대의 소설 등을 읽고 있으면 지금까지 본 적도 없는 의미는커녕 읽는 방법조차도 알기 어려운 한자를 만나는 일이 종종 있습니다. 그런 때에는 그 한자의 의미는 알 수 없으나 필시 이런 식으로 읽는 것은 아닐까 하고 음독을 유추할 수 있습니다.

예를 들면 '허희歔欷'. 이것은 '훌쩍거리며 울다'를 뜻하는 말이지만 지금은 그다지 사용되지 않는 난독어難讀語 중의 하나입니다. 그러나 각각의 한자의 의미는 알지 못해도 이 말은 아마도 '교키'라고 읽을 거야 하고 상상되지 않습니까? 그리고 그 추측은 맞아 떨어져서 '허희'는 실제로 '교키'라고 읽습니다.

모르는 한자인데 왜 '허희'를 '교키'라고 읽은 것일까요. 그것은 '歔欷'가 모두 형성 문자여서 각각에 포함된 虛(허)와 希(희)라는 소리부로부터 전체의 읽는 방법을 유추할 수 있었기 때문입니다.

이러한 것을 우리들은 일상적으로 종종 경험하지만 그것은 한자의 일부분이 전체의 발음을 나타내는 경우가 많다는 사실을 감각적으로 알고 있기 때문입니다. 그래서 이 방법에 익숙해지면 '왕법순사枉法徇私'(법을 악용해서 사리사욕을 추구하는 것)라든지 '당랑지부蟷螂之斧'(약자가 자신의 힘도 분별하지 못하고 강한 자에게 맞서는 일. 당랑은 사마귀) 등 그다지 눈에 띄지 않는 문자를 사용한 사자성어도 읽을 수 있게 되기도 하고 '국천척지跼天蹐地', '첩첩남남喋喋喃喃' 등 본 적도 없는 듯한 어려운 한자를 사용한 숙어도 같은 방식으로 '교쿠텐세키치', '조우초우난난'이라고 읽을 수 있는 것입니다.

3. 한자를 만드는 무대 뒤쪽

한자의 배경

앞장에서 설명한 '육서'의 이론은 한자 해석을 위한 가장 유효한 방법으로 여겨지고 있습니다. 그것은 여러분들이 학교나 가정에서 사용하는 한화사전에 반드시 육서를 사용하여 분석한 '한자의 구성'의 항목이 있기 때문에 알 수 있습니다.

그러나 사전의 구성에 관한 설명에는 각각의 한자가 어떻게 해서 만들어졌는지 상형인지 지사인지 혹은 회의인지 형성인지 회의나 형성이라면 의미부는 무엇이고 소리부는 무엇인지 등 문자를 만드는 구체적인 방법만이 고찰 대상으로 되어 있습니다. 따라서 한자가 만들어진 배경에 있는 고대 중국의 사고형식이나 세계관 등은 거의 다루지 않기 때문에 한자를 육서의 이론에 따라 생각한다면 '나무를 보고 숲을 보지 못한다'는 것이 되어 버릴 위험도 있습니다.

그것을 구체적으로 생각해보기 위해 여기서 여러분들에게 아직 문자가 존재하지 않는 시대에 살고 있는 사람이 되어서 왕으로부터 문자를 만드는 일을 부여받았다고 가정해 봅시다.

문자를 만들라고 왕으로부터 명령받은 것이 들판에 서 있는 나무라든가 길을 달리고 있는 수레 혹은 강에 있는 물고기를 의미하는 문자라고 한다면 그것은 상당히 간단한 작업입니다. 눈앞에 있는 수목樹木과 수레와 물고기를 그림과 같이 본떠서 상형문자를 만들기만 하면 됩니다. 실제로 이들 사물에 대해서는 고대 중국인뿐 아니라 세계의 많은 고대 문명에서 같은 모양의 상형문자가 만들어졌습니다. 여러분들이라 하더라도 이들 사물을 나타내는 문자는 분명 그것과 같은 모양으로 만들었을 것입니다.

'여자'를 표현하는 방법

'여자'를 나타내는 문자를 만들라고 한다면 당신은 어떻게 할 것인가요?

한마디로 '여자'라고 해도 갓난아기부터 할머니까지 실제로 여러 타입의 '여자'가 있습니다. 더욱이 우리들 주위에 있는 여성을 쓱 둘러보면 피부색과 신장, 머리 스타일, 게다가 성격 등도 천차만별이기 때문에 '여자'를 상형문자로 만들려고 생각해도 대체 어떤 '여자'를 모델로 해야 좋을지 알 수 없기 때문입니다.

그러나 인간을 크게 구별한다면 '남자'와 '여자' 외에는 없기 때문에 용모와 자태의 특징보다도 '여자'가 '남자'로부터 구별되고 '여자'라 할 수 있는 근거에 착안해서 그것을 문자로 그려낸다면 그것으로 '여자'를 표현하는 것이 가능할 것입니다.

그렇다고 해도 염색체가 어떠하다든가 DNA가 어떠하다고 하는 어려운 이야기는 아닙니다. '남자'와 '여자'를 구별하기 위한 가장 알기 쉬운 특징은 말할 것도 없이 성기의 모양입니다.

그렇기 때문에 고대 메소포타미아에서 사용된 설형문자에는 여성의 성기를 정면에서 본 형태(▽)를 그리고 '여자'를 나타내는 문자로 하였습니다. 이것은 보는 바와 같이 삼각형과 세로의 짧은 직선을 조합한 것만으로 상당히 간단한 형태입니다. 그리고 그 문자가 실제로 문장에 사용된다면 전후의 문맥에 따라서 그것이 '여성 성기'라는 의미가 아니라 넓게 '여자'라는 의미로 사용된다는 것을 알 수 있습니다.

세계 속의 여성은 머리카락과 피부색 등이 전혀 다르지만 신체는 기관은 같기 때문에 어느 나라에서도 메소포타미아인이 사용한 방법으로 여성을 나타낼 수 있을 것입니다. 그러나 다른 지역의 고대문자에서는 설형문자와 전혀 다른 그림을 사용하여 '여자'를 나타내는 문자를 만들었습니다.

이집트에서는 정좌하고 있는 인물을 옆에서 본 형태로 '여자'를 나타내었고, 중국에서는 사람이 손을 앞으로 맞잡고 무릎을 꿇고 있는 형태로 '여자'를 의미하는 문자를 만들었습니다.

물고기나 나무라면 세계의 고대 문자가 거의 같은 형태로 되어 있는데 '여자'는 왜 그렇게 되지 않았던 것일까요? 그것은 문자를 만든 사람들의 가치관이나 세계관이 그 문자의 배경에 강하게 반영되어 있었기 때문입니다.

남존여비의 시대

갑골문자에서의 '여女'는 손을 가슴 앞으로 모으고 무릎을 꿇고 있는 사람의 형태입니다. 전체가 부드러운 곡선으로 그려져 있는 것은 여성 신체의 매끄러움을 강조하고 있기 때문입니다. 바로 거기서부터 '여자'라고 하는 의미를 나타내고자 하는 것이지만 여성이 무릎을 꿇고 있는 것은 단지 신체가 유연하기 때문만은 아닙니다. 거기

에는 여성이 남성에게 예속되어있다는 '남존여비' 시대의 사상이 반영되어 있습니다. 여자는 남자 앞에서 무릎을 꿇고 시키는 대로 행동하는 것이 요구된 시대에 만들어진 문자이기 때문에 이런 형태로 되어 있는 것입니다.

고대 중국에서는 여자가 남자보다 낮은 지위밖에 주어지지 않았다는 것은 다른 한자를 예를 들어 증명할 수 있습니다. 거의 사용되지 않는 한자이지만 '姦(간)'이라는 글자가 있습니다. 이것은 보는 바와 같이 女를 가로로 두 개 열거한 글자 형태로 중국 최고의 자서字書인 『설문해자』에 의하면 '시끄럽게 말다툼하다'라는 의미로 되어 있습니다. 한편 '甥'은 '姦'과 같은 방법으로 男을 가로로 두 개 나열하고 있지만 이쪽은 단지 '쌍자雙子'라는 의미를 나타내는 것으

로 '난썼'에 보인 것과 같은 인간으로서의 자질에 관련된 의미는 전혀 포함되어 있지 않습니다. 남녀 각각의 문자를 가로로 두 개 나열한 글자 형태에서도 나타내는 의미에 남녀차별이 있는 것입니다.

덧붙여 말하자면 '男'은 田(전)과 力(력)으로 이루어진 회의 문자로 '논에서 힘쓰는 일에 종사하는 사람'의 의미를 나타내고 있습니다. 농사일을 하는 사람이라는 의미로부터 머지않아 일반 남성을 의미하게 되었다고 할 수 있습니다.

한자를 만드는 방법의 분류

물고기나 산을 나타낸 상형문자는 세계 어디에도 거의 같은 형태가 됩니다. 그것은 본 그대로의 모양을 그려서 문자로 하였기 때문이지만 그와는 반대로 사물을 본 그대로 그리는 것이 아니라 사물이나 개념의 뒤에 가로놓인 인식이나 가치관에 근거해서 만들어진 문자도 있습니다. '여자'가 바로 그런 형태입니다. 앞서 언급한 바와 같이 각 지역에만 통용되는 개념이나 문화가 문자 제작의 배경에 가로 놓여 있습니다.

이렇게 한자를 만드는 방법을 살펴보았습니다. 한자를 비롯한 고대문자를 만드는 방법에는 지역이나 민족에 한정되는 배경을 가진 것과 전 세계 공통이라고도 할 수 있는 것이 있습니다.

중국에서는 어떤 개념에 관해서 새롭게 문자를 만드는 것이 아니라 그 개념과 같은 발음의 말을 나타내는 문자가 이미 만들어져 있다면 그 문자를 빌려 개념을 나타내는 방법을 사용하였습니다. 이것이 육서의 여섯 번째인 '假借(가차)'라는 방법입니다. 이정도 설명으로는 조금 알기 어려울지도 모르지만 예를 들면 '求(구)'(136쪽 참조)와 '東(동)'(139쪽 참조) 등 뒤에 게재한 실제 예를 보면 '가차'라는 방법을 이해할 수 있을 것입니다.

지금까지 서술한 것을 정리하면 옛날 한자가 만들어졌을 때의 구조를 다음과 같이 분류할 수 있습니다.

① 본 그대로를 그린 것
② 독자적으로 사회적 배경을 근거해서 만들어진 것
③ 같은 발음의 이미 만들어진 문자를 이용한 '借字(차자)'

이에 대해서 더욱 구체적인 예를 들어볼까 합니다.

본 그대로의 상형문자

우선 '물고기'와 같이 눈에 보이는 형태가 있는 것을 회화적으로 그린 상형문자 몇 개를 갑골문자 중에서 찾아볼까요.

 먼저 '齒(치, 齒)'라는 한자는 크게 벌린 입으로 이빨이 몇 개 보이고 있는 모양을 나타냅니다. 또한 갑골문자의 글자 형태에는 상하에 각각 두 개씩밖에 이빨이 없기 때문에 상당히 이빨이 나쁜 사람처럼 보이지만, 이것은 생략하여 그렸기 때문이고 특별히 충치나 상처 등으로 이빨이 빠진 결과는 아닙니다.

이 글자는 나중에 '齒'라고 쓰이게 되지만 내부의 획수가 너무 많아 쓰기 어려웠기 때문에 생략해서 '歯'로 쓰이게 되었습니다. 일본의 상용한자의 글자 형태는 이것을 사용하고 있지만 중국의 간체자는 이빨의 수가 더 줄여져서 '齿'라고 쓰입니다.

 이것은 車(차)입니다. 물론 자동차가 아니라 두 마리의 말을 붙여서 끌게 하는 고대 전차의 형태입니다. 전차의 뒷부분에는 병사가 타는 자리가 있고 가로로 크게 강조된 차바퀴가 두 개 보입니다. 또 좌석에서 채가 앞으로 뻗어 선두에 말을 연결하는 멍에가 장착되어 있는 것을 글자 형태로부터 알 수 있습니다. 오늘날의 '車'의 글자 형태는 이 갑골문자의 아랫부분을 90도

회전시킨 형태로 되어 있는 것입니다.

갑골문자에도 동물은 많이 등장하며 원칙
적으로는 본 그대로의 상형문자로 그려집니
다. 이것은 앞에서도 언급하였지만, 긴 코를
가진 것에서 알 수 있듯이 코끼리입니다.
기원전 1300년경 중국에서 사용되고 있
던 갑골문자 중에 코끼리가 나오는 것이 의
외라는 느낌이 들지도 모르겠지만 당시의 황하 유역은 지금보다
훨씬 따뜻해서 코끼리가 야생에서 생식하고 있었습니다. 갑골문
자 중에는 코끼리를 잡을 수 있나 하고 점친 문장도 있습니다. 고
대인은 야생의 코끼리를 길들여서 가축으로서
재목의 운반 등에 사용하고 있었던 것이지요.
그것을 나타내는 것이 다음의 '爲(위)'라는 글자
입니다.

코끼리의 코를 손으로 붙잡고 있는 모양이
'爲'이며 코끼리를 사역하는 것에서 '일을 하다'
라는 의미를 이 글자로 표현하게 되었습니다.

'爲'의 본래의 글자 형태는 '爲'로 이 글자의 윗부분에 있는 '爪(조)'
는 이후에 '손톱'의 의미로 사용되는 글자가 되었지만 원래는 손을
위에서 가린 모양이었습니다.

중국 독자적으로 사회적 배경을 가진 것

지금까지는 대부분 본 그대로를 그린 것
이라고 해도 좋을 정도의 알기 쉬운 상형
문자에 대해 언급하였습니다.

그러나, 구체적인 사물을 본뜬 점에서
는 앞서 언급한 상형문자와 동일하지만 실
제로 문자를 만들기 전에 독자적인 문화적
배경에 따라 먼저 '본떠야 할 것'을 선택하
는 경우가 있습니다.

예를 들어 인간사회에 군림하여 큰 권력을 발휘하는 '王'은 영어
로 'king'이라 불리는 지위를 나타내지만, 중국에서는 어떤 모양을
묘사한 것일까요?

'王'이라는 글자의 갑골문자는 다음과 같이 표기됩니다. 아주 간
단한 모양으로, 이것은 "도대체 무엇을 본뜬 것인가"에 대하여 여
러 가지 설이 있습니다. 가장 재미있는 것은 『설문해자』에 보이는

해석으로, '王'이 소전이라는 서체(53쪽 참조)로는 '王'이라고 표기되므로, '하나ㅡ가 세 개ㅌ를 관통하는 자가 왕이다'라고 해석하고 있습니다. 여기에서 말하는 삼ㅌ은 '천·지·인'으로, 천상의 세계와 지상의 세계 그리고 인간세계를 일관해서 지배하는 자가 '王'이라는 것입니다.

이것은 상당히 재미있는 사고방식이라고 할 수 있습니다. 그러나 옛날사람들이 그런 추상적인 이론에 기초해서 문자를 만들었다고는 생각하기 힘듭니다. 고대인이 문자를 만드는 방법은 아주 현실적이면서 즉물적이었습니다.

게다가 '王'은 갑골문자에는 가로선이 두 개밖에 없으며, 청동기의 명문에 주조 주입된 서체 '금문金文'에는 문자 아래가 '王'과 같이 아주 크게 부풀어 있기 때문에, 가로선만을 끄집어내도 '三'이 되지 않습니다.

실은 '王'은 폭이 넓은 칼에 긴 손잡이가 달린 큰 도끼를 지주에 기대어 세워

〈그림 3-1〉 **왕의 상징인 큰 도끼**(중국역사박물관 소장)

놓은 모양을 그린 것이라고 생각하는 것이 거의 정설로 되어 있습니다. 은나라 유적에서 훌륭한 장식을 한 도끼(《그림 3-1》)가 발견된 것도 그 설의 유력한 증거가 됩니다. 고대 중국에서는 큰 도끼가 왕의 실력과 권위의 상징으로 여겨져, 왕이 앉는 위치에 큰 도끼를 상징으로서 놓았을 것입니다. 그래서 도끼의 모양으로 왕이라는 의미를 나타내게 되었다고 생각됩니다.

다음은 '父(부)'입니다. 왕이 도끼의 모양으로 표현되었듯이, 부父에도 상징이 되는 도구가 있는데 그것은 큰 도끼보다 작은 도끼였습니다. '父'라는 한자는 又(우)(手)와 丨(곤)(斧의 모양)으로부터 이루어진 회의문자로, 가장의 상징으로서 도끼를 손에 들고 있는 것에서 부친의 의미를 나타낸 것입니다. 덧붙여 말하면, '斧'라는 글자가 父를 구성요소로 하고 있는 것은 '父'가 후에 오로지 '부친'의 의미로 사용됨에 따라 새롭게 斤(근)(도끼)이라는 요소를 추가했기 때문입니다.

'母'는 '女'라는 글자에 점을 두 개 추가한 모양으로 쓰입니다. 구체적으로, 손을 앞으로 끼고 무릎을 꿇은 사람을 본뜬 '女'의 중앙부에 점을 두 개 추가한 형상이며, 두 개의 점은 유두를 나타내고 있습니다. 유두는 남녀 모두에게 있지만, 아이에게 수유하는 것은 여자뿐입니다. 한자로는 '여자'와 '어머니'를 수유 여부로 구분하기 때문에 '母'의 글자는 유두가 강조되어 있는 것입니다.

다음은 '年(년)'이라는 한자입니다. 가지가 휠 정도로 여문 곡물의 이삭을 사람이 등에 지고 있는 모습을 본뜬 상형문자로, 본래는 '농작물의 풍성한 수확' 즉 '열매'를 의미하는 문자였습니다. 그것이 농작물의 수확이 일 년에 한 번밖에 없다는 점에서, 결국 이 글자가 '일 년'이라는 시간의 단위를 나타내게 되었습니다.

이미 고도의 농업사회였던 고대중국인은 시간이라는 눈에 보이지 않는 개념을 곡물의 수확이라는 작업을 통해 표현한 것입니다.

'文(문)'입니다. 이것은 가슴 중앙에 '문신'을 한 사람을 정면에서 본 모양을 본뜬 것입니다. 고대에는 문신의 풍습이 있었고, 성

인이 된 젊은이나 죽은 사람의 신체 등에 일정한 도안을 문신으로 장식했습니다. 거기에서 '文'이라는 글자가 '눈부시게 화려한 모양＝무늬'라는 의미를 나타내게 되었습니다. '문장'이라는 글자도 본래는 눈부시게 화려한 세계를 문자로 표현한 것이었다고 합니다.

다음은 '取(취)'입니다. 보다시피 이 글자는 又(우)(손으로 잡음)와 耳(이)(귀)로 구성되어 있는데, 원래는 손으로 귀를 잡아 사람을 사로잡는 것을 의미했습니다. 이 글자를 '손에 넣다·획득하다'라는 의미를 표현한 배경에는 고대 중국이 전쟁에서 적을 사로잡아 포로로 삼을 때, 귀를 잘라 내고 그것으로 포로의 수를 헤아렸던 풍습에서 기인한 것입니다. 그것이 후에 널리, '물건을 취하다'라든지 '손에 넣다'라는 의미로 쓰이게 되었던 것입니다.

다음은 '北(북, 배)'과 '比(비)'라는 한자입니다. 위가 '北'이고 아래가 '比'입니다. '北'은 서로 등을 돌리고 있는 두 사람의 형상을 본떠서 '서로 등을 돌리다' 혹은 '등을 지다'라는 의미를 나타냅니다. '北'은 원래 '등' 혹은 '등지다'라는 의미로, 방향 '북'을 의미하게 된 것은 태양을 향했을 때 등이 있는 방향이기 때문입니다.

싸움에 져서 적에게 등을 보이고 도망 갈 때, 설사 남쪽이나 동쪽으로 도망가더라도 '패배^敗北'라고 말하는 것은 그 때문입니다. 덧붙여 말하면 '배중^{背中}'의 '背'는 '北'에 신체를 나타내는 의부^{意符}의 肉=月을 추가한 모양입니다.

'北'과는 달리, 人(사람 인)이 두 개의 같은 방향으로 줄지어 있는 모양이 '비^比'입니다. '比'는 원래 '한 줄로 서다'라는 의미를 나타내며, 그것이 마침내 '비교하다', 혹은 '비기다'라는 의미로 사용되었습니다.

다음은 '寝(침)'이라는 한자입니다. 원래 宀(면)(지붕)과 帚(추)(빗자루로 죄·부정 따위를 씻어 없애다)로 이루어진 회의문자입니다. 본래는 깨끗하게 하여 부정타지 않게 한 궁전을 의미했습니다. 고대 중국에서 병이 든 귀인은 신을 모신 방에 재운 것

에서 의미가 확장되어 '자다'의 의미에 이 글자가 사용되었습니다.

'族(족)'입니다. 이것은 㫃＝方(방)＋人(인)(위에 풍향기를 단 깃발)과 矢(시)(화살)로 이루어진 회의문자입니다. 본래 한 부족을 상징하는 문양의 깃발 아래에 놓인 화살에 단결을 맹세하는 혈연관계에 있는 집단을 의미했습니다. 그것으로부터 '한 무리'라든지 '같은 종류의 것'이라는 의미를 나타내게 된 것입니다.

'貝(패)'는 자패紫貝의 패각 모양을 본뜬 상형문자입니다. 원래 '조개'라는 의미를 나타냈지만, 고대 중국에서는 남해에 서식하는 자패가 상당히 귀중한 것이라고 여겨져 화폐로서의 역할을 하게 되었습니다. 따라서 '貝'가 널리 '재산'이라든지 '보물'이라는 의미로 사용된 것입니다. '재財', '화貨', '자資' 등, '貝'를 부수로 하는 한자는 많이 있습니다.

'貝'를 부수로 하는 한자의 하나로 '寶(보)'가 있습니다. 이것은 宀

(면)(집의 지붕)과, 玉(옥)(옥·보석)과 貝(패)(재산)와, 음
부^{音符}의 岳(악)(후에서 호로 변화했습니다)으로 이루어
진 형성문자이며 집 안에 보석이나 재물을 소중히
보관해 두는 것에서 '귀중한 것', 즉 '보물'의 의미
를 나타냅니다. 또한 지금 우리들이 사용하고 있는
상용한자의 '宝(보)'는 '寶(보)'의 생략형입니다.

'아테지^{当て字}'라는 방법 = 가차^{假借}

중국고유의 문화나 사상을 근거로 하여 그것을 배경으로 만든
한자 즉 '王(왕)'이나 '女(여)' 등 몇 개의 한자를 예로 제시하였지
만, 이와 같은 사회적 혹은 문화적 배경을 가진 것 외에 표현하고
싶은 개념이나 사물을 나타내는 문자를 새롭게 만든 것이 아니라,
그 사물이나 개념과 동일한 발음을 가진 단어로 이미 만들어져 있
는 문자를 이용하는 경우도 있습니다. 이것이 요컨대 육서의 하나
인 '가차'라는 방법입니다.

가차란 이미 존재하는 한자를 그 글자의 발음과 동일한 (혹은 아
주 유사한) 다른 말에 적용하는 방법입니다.

예를 들면, '求(구)'. 이것은 원래 '가죽옷', 즉 모피코트를 나타내
는 상형문자였습니다. 그리고 '가죽 옷'을 의미하는 '求'의 발음이,

'필요로 하다·탐내다'라는 의미와 동일한 발음이었습니다. 그래서 양자의 사이에는 의미적인 관련성이 전혀 없음에도 불구하고 '필요로 하다·탐내다'라는 동사를 나타내는 문자로 '가죽옷'이라는 상형문자를 사용하였습니다. 이러한 경위로, 문장 중에 '가죽옷'을 나타내는 문자가 있어도 발음이 같기 때문에 읽는 사람은 그것이 '가죽옷'이 아니라, '필요로 하다'라는 의미로 이해할 수 있는 것입니다.

이렇게 '필요로 하다'라는 동사가 '求'로 쓰이게 되어, 마침내 그 의미가 주류가 되었습니다. 그 결과 원래의 '가죽옷'을 의미하는 말은 求에 음부로 衣(의)를 추가한 '裘'로 나타내게 된 것입니다. '裘'는 즉 '처마를 빌려주고 안채를 놓친' 결과 만들어진 한자이지만 이와 같은 예는 그밖에도 많이 있습니다.

'暮(모)'에 태양이 두 개 있는 이유

최근 한자의 교육 열기 때문인지, 서점에는 한자 숙어 중 난독難読이나 진독珍読으로 간주되는 것을 모아 해설한 책이 줄지어 늘어서 있습니다. 그런 난독 한자어의 하나로 '莫大小'가 있는데 어떻게 읽는지 여러분은 아십니까? 이것은 '메리야스'라고 읽습니다.

'메리야스'는 직물방법의 한 종류로 보통 직물은 종사와 횡사를 엮어 짜는 데 반해, 메리야스는 실의 굴곡에 의한 고리의 집합이 천의 모양布狀을 만드는 것을 말합니다. 이런 직물방법이 일본에 전해진 것은 에도시대 초기로 포르투갈인이나 네덜란드인이 들여온 것이 최초라고 전해집니다. 메리야스는 스페인어의 메디아스medias가 와음訛音된 것으로 생각되며, 메디아스는 '양말'이라는 의미였다고 합니다. 메리야스는 지금도 양말이나 속옷, 게다가 장갑이나 모자 등 신변의 많은 것들에 사용되고 있지만, 지금은 '니트'라는 표현이 일반적입니다.

이 메리야스를 '莫大小'라고 쓰는 표기방법은 이전 작은 공장이나 상점 이름 등에 자주 사용되었으므로, 연장자라면 잘 아실 것입니다. 그러나 '莫大小'의 세 글자가 왜 '메리야스'라고 읽히는지를 물으면, 그 이유를 알고 있는 분은 의외로 적은 것 같습니다.

메리야스의 특징은 신축성과 유연성이 풍부한 것입니다. 보통 견이나 목면으로 만든 속옷은 조금 살이 찌거나 키가 크면 바로 사이즈가 맞지 않게 됩니다. 그러나 메리야스 속옷은 상당히 늘어나기 때문에 몸에 딱 맞습니다. 요즈음의 언어로 말하면 프리사이즈로 L사이즈도 S사이즈도 아닙니다. 즉 '대소大小의 구별이 없는莫' 것을 말하는 것입니다.

여기에 사용된 '막莫'이라는 글자는 한문에서는 '무無'나 '물勿' 등과 함께 '…없음なし'이라고 훈독되는 문자였습니다. 그러나 '莫'은 처음부터 이와 같은 부정사로서의 의미를 나타내기 위해 만들어진 한자는 아닙니다.

다음에 제시한 것은 고대 문자에 사용된 '莫'입니다. 상하로 배치된 부분만을 합치면 艸+艸(풀)이라는 글자가 됩니다. 즉 '莫(막)'은 艸+艸과 중앙에 있는 日의 조합으로 만들어진 회의문자로 풀숲의 중앙에 태양이 가라앉는 것에서 '해질녘'을 의미하였습니다.

그런데 이것이 역시 '가차'의 방법에 의해서 '~없음'이라든지 '~하지 마라'라는 의미로 사용되었으므로, 새롭게 '莫'에 다시 日이 추가된 '暮(모)'가 만들어졌습니다. 때문에 '暮'는 태양을 나타내는 日이 두 개가 있는 기묘한 모양이 된 것입니다.

'東(동)'은 주머니자루 모양

제가 아는 지인 중에 '東(동)'이라는 이름(성이 아닙니다)을 가진 사람이 있는데, '東'을 '하지메(처음)'라고 읽습니다. 소위 읽기 어려운 이름의 하나로, 그는 항상 '아즈마'라고밖에 읽히지 않는다고 낙심하지만, 그도 그렇듯이 갑자기 '東'이라는 글자를 보고 '하지 메'라고 읽을 수 있는 사람은 결코 없을 것입니다. '하지메'라고 읽 는 이유를 들어 보면, '東西南北(동서남북)'의 첫 글자이므로, '하지 메'라고 읽는다고 합니다.

그러나 이 '東'이라는 한자도 처음부터 방위를 의미하지는 않았 습니다. 원래 방위는 아주 추상적인 개념이기 때문에 상형의 방법 으로는 도저히 문자화할 수 없습니다.

그래서 여기에서도 가차의 방법이 사용되었습니다.

'東'은 가운데에 물건을 넣고, 양쪽 끝을 노끈으 로 묶은 자루, 즉 양측이 비어있는 주머니 같은 자 루를 본뜬 상형문자입니다. 자루를 의미하는 '東' 과 '東' 태양이 떠오르는 방위를 의미하는 말이 마 침 동일한 발음이었기 때문에, 자루를 나타내는 문 자를 빌려 '동쪽'의 의미로 사용한 것입니다. '東'  이 자루의 상형문자라는 것은 청동기 명문에서도 증명할 수 있습 니다. 청동기에 주조 주입된 금문에는 '무겁다'라는 의미를 나타 내는 문자가 🔱로 쓰이는 경우가 있는데 이것은 사람이 자루에 물건을 넣어 등에 지고 있는 모양을 나타내고 있습니다. 그래서

'무겁다'라는 의미가 되지만, 라는 글자의 하반부와 (갑골문자)의 '東'이 매우 흡사합니다. 이런한 예로부터, '東'이 본래 자루 속에 물건을 넣어 양끝을 묶은 모양의 상형문자라는 것을 알 수 있는 것입니다.

서쪽으로부터 온(來) 보리 '麥(맥)'

지금까지 중국의 식생활에 가장 영향을 준 곡물은 뭐니 뭐니 해도 '맥麥', 즉 보리일 것입니다.

현재 일본에서 사용되는 '麦'이라는 한자는 예전에는 '麦'이라고 쓰였지만, 본래 보리는 '來(래)'라는 글자로 표기되었습니다. '麥(맥)'은 來(래)의 아래에 인간의 발모양을 나타내는 夊(치)를 추가한 모양입니다. 발의 모양이 추가된 것은 초봄에 보리 싹을 발로 밟는 '보리밟기'를 하였기 때문입니다.

'來(래)'는 원래 보리가 여물어 까끄라기(수염)를 좌우로 크게 내뻗은 모양을 본뜬 상형문자였습니다. 그러나 이 글자는 고대에도 대부분 '오다'라는 동사로 사용되었습니다. 이와 같이 보리의 여문 모양을 본뜬 문자가 '왕래往來'의 의미로 사용되게 된 것은 보리를 가리키는 말과 '오다'라는 동사의 발음이 마침 동일하였기 때문에 보리라는 글자를 빌려 '오다'라는 의미로 사용한 것에 지나지 않습니다. 즉 '가차'된 것입니다.

그러나 보리는 당시의 사람들에게 있어서 상당히 중요한 작물이었기 때문에, 그 의미의 변화에 관한 전설이 전해지고 있습니다. 그 이야기에 의하면 보리는 하늘에서 받은 멋진 곡물이며 천상의 세계에서 '온' 것이기 때문에, '오다※'라는 말이 보리를 의미하게 되었다는 것입니다.

중국 최고의 시집인『시경』속에 '우리에게 보리※牟를 주시다'라는 구절이 있습니다. 주석에 의하면 주나라 무왕이 은나라를 쓰러뜨리고 새로운 왕조를 만들어 이상적인 세상을 실현했기 때문에, 하늘이 그 공적을 치하하여 준 '가곡嘉穀'(멋진 곡물)이 보리였다고 합니다.

주왕조의 시조는 후직后稷이라는 농업 신이었습니다. 처음에 주나라는 서쪽에서 유목생활을 하고 있었는데 농경을 배워 정착한 무렵부터 점차 세력이 강해지기 시작했습니다. 그 때문에 보리라는 새로운 작물의 재배가 건국신화와 결부된 것입니다. 그러나 은나라의 갑골 문자 속에 이미 '來(래)'라는 문자가 있기 때문에, 은나라 시대에 황하유역에서 보리가 재배되고 있었다는 것은 확실합니다. 그렇기 때문에 주의 건국과 함께 보리가 '하늘에서 왔다'라는 것은 도저히 믿을 수가 없습니다.

단지, 보리는 지중해 동부가 원산지로 중국에는 서쪽으로부터 전해졌기 때문에, '멀리서 온 곡물'이라는 의미로 보리를 나타내는 명사와 '오다*'라는 동사가 중국어로 동일한 발음이었을 가능성은 생각할 수 있습니다.

덧붙여 말하면, 소맥의 대부분을 수입에 의존하고 있는 일본으로서는, 현재에 이르기까지 '麥(맥)'은 멀리서 오는 물건으로 자리를 고수하고 있습니다.

'万(만)'과 '卍(만)'의 관계

방위와 함께 숫자도 지극히 추상적인 개념입니다. '일一'부터 '사四'(亖)까지는 지사로 만들어졌다는 것은 이미 서술한 대로이지만 (113쪽 참조), 그 외에도 가차의 방법으로 표현된 수사가 있는데 그 대표적인 것이 '萬(만)'입니다.

'萬(만)'은 전갈의 모양을 본뜬 상형문자였지만, 전갈과 일만一万을 나타내는 말이 예전에는 동일한 발음이었기 때문에 전갈의 상형문자를 빌려서 수사에 사용하게 되었습니다. 더군다나 현재 일본에서 상용한자의 글자체가 된 '万'은 상당히 빠른 시기부터 '萬' 대신에 사용되고 있던 속자로 중국 전국시대의 인장에 이미 '万'을

'萬'의 의미로 사용한 예가 있습니다.

또한, 숫자의 일만을 나타내는 한자에는 '万'이나 '萬' 외에 '卍'이라는 글자도 있습니다. '卍(만)'이 한자라고 하면 이상하게 생각될지도 모릅니다.

현재 일본에서 '卍'의 모양은 지도에서 흔히 보이는데, 그것은 사원을 표시하는 기호로 사용되고 있습니다. 그 외에도 절의 문이나 간판 등에서 이 글자를 보게 되는데, 거의 일본인은 이것을 ◎라든지 ※ 등과 같은 기호의 일종이라고 생각하고 있는 것 같습니다. 그러나 '卍'은 실제로 훌륭한 한자입니다.

'卍'은 인도에서 만들어진 불교에 관계된 것을 나타내는 기호입니다. 원래 인도의 원시종교에서는 태양신 비슈누신의 가슴에 있었던 소용돌이 친 흉모의 모양을 본뜬 것으로 길조의 상으로 여겼습니다. 이것이 이윽고 불교에 들어와 보살의 가슴이나 손발에 나타난 깊은 자비심을 나타내는 길상이라고 생각하게 되었습니다. '卍'은 산스크리트어로 스바스티카svastika라고 하고 중국어로는 그것을 '길상만덕吉祥萬德'이라고 해석하고 있습니다.

이와 같이, '卍'은 처음에는 고대 인도에서 사용된 기호였지만, 불교가 중국에 침투함에 따라 마침내 문자로 사용되기에 이르렀

습니다. 불교의 경전에 보이는 특수한 한자가 많이 수록된 것으로
알려진 요나라의 승려 행균이 편찬한 『용감수경龍龕手鏡』에 "卍은 음
함이 萬이며, 이것은 여래불의 몸에 있는 길상의 무늬이다"라는 말
이 있습니다. 여기에서 이 글자의 발음이 명시되어 있는 것은 한자
로 사용되었다는 확실한 증거입니다.

또한 '卍'의 발음이 '만'이 된 것은 원래 나타내고 있던 '길상만
덕'의 '萬'에서 유래한 것으로 일본에서 '卍'을 'まんじ(만지)'라고
읽습니다. 덧붙여 말하면, 현대 중국어에서도 이 글자는 '萬'과 동
일음(wan)으로 발음되고 있습니다.

이매망량魑魅魍魎이 발호跋扈하는 세계

요즈음 컴퓨터나 휴대전화의 입력장치를 사용하여 한자가 섞인
문장을 쓰는 일이 많아졌기 때문에 '우울憂鬱'이라든지 '빈축嚬蹙',
'천착穿鑿'과 같은 어려운 한자도 쉽게 쓸 수 있게 되었습니다.

그 덕분에, 요즈음 흔히 눈에 띄는 말 중 하나로 '이매망량魑魅魍
魎'('魑魅罔兩'이라고도 쓴다)이 있습니다.

'이매망량'이란 산천이나 삼림·소지 등에 생식하는 괴물을 의
미하는 것으로 고대인들은 당시 도처에 있던 들판이나 원생림에
이와 같이 무서운 '귀신'이 넘쳐나고 있다고 믿고 있었습니다.

이 무서운 요괴는 현대 일본인에게도 무관하지 않습니다. '매력魅力'이나 '매혹魅惑'이라고 할 때의 '魅(매)'는 틀림없이 이 '귀신'이라는 의미에서 유래합니다.

'魅(매)'는 의부意符인 鬼(귀)와 음부音符인 未(미)로 이루어진 형성문자이고, 鬼란 원래 인간이 죽은 뒤의 영혼을 의미하고 있습니다. 귀신의 '魅(매)'는 사람을 현혹시켜 위해危害를 가하는 것을 아주 좋아했습니다. '매력'이라는 것은 상대의 존재를 위태롭게 할 정도로 강하게 매혹하는 힘이라는 것이 본래의 의미입니다. 매력적인 이성에 끌려 인생을 그르친 남녀가 세상에 많은 것도 본래의 의미에서 생각하면 오히려 당연한 것인지도 모릅니다.

'道(도)'와 '首(수)'의 관계

고대인의 관념에 의하면 산림이나 들판 곳곳에는 귀신이나 악령이 발호하고 있었습니다. 그 악령들은 사사건건 인간 사회에 와서 여러 가지 악행을 저지르려고 했습니다.

아득한 옛날, 인간은 높이 쌓아올린 성벽으로 둘러싸인 부락 안쪽에 모여 생활하고 있었습니다. 광대한 대지에는 그와 같은 부락이 군데군데 흩어져 있었습니다. 그러나 부락과 부락을 연결하는 길은 전혀 없었습니다. 부락과 부락 사이에는 사람이 살지 않는 황야가 펼쳐져 있을 뿐, 그곳에는 여러 가지 '이매망량'이 자유자재로 난비亂飛하고 있었습니다.

지금 누군가가 뭔가 필요해서 이웃 부락에 꼭 가야만 한다고 합시다. 현대의 우리들 앞에는 언젠가 누군가가 만들어 놓은 '길'이 있기 때문에 이동하는 사람은 그 길을 이용하면 되지만, 처음 이동하는 사람 앞에는 이미 만들어진 길 따위는 어디에도 없습니다. 즉 그 사람은 스스로 길을 만들면서 이동해야만 했습니다.

자신이 살고 있는 부락에서 이웃 부락까지 그 사이에 펼쳐지는 황야에는 도처에 악령이 난비하고 있었습니다. 따라서 이동할 길을 만드는 사람은 악령을 제거하면서 나아가야만 합니다. 그 때 고대 중국인이 악령을 쫓아내기 위하여 사용한 도구는 놀랍게도 이민족의 자른 목이었습니다.

이웃 부락에 갈 사람은 마치 밤길을 가는 사람이 등불을 손에 든 것처럼 인간의 자른 목을 부적처럼 손에 들고 갔던 것입니다. 이렇게 만들어진 것이 '길'이고 따라서 '道(도)'라는 한자는 사람의 발자취를 나타내는 辵(착)(책받침)과 首(수)로 이루어져 있습니다. 보통 우리들이 아무렇지 않게 걷고 있는 '길'에도 실은 이처럼 오싹한 고대의 실상이 숨겨져 있는 것입니다.

4. 자형字形은 변한다, 부수部首도 변한다

한화사전 찾는 법

이 한자는 "도대체 어떻게 읽을까?"라든지, "무슨 의미일까?" 등, 한자에 대해서 무엇인가 조사하고자 할 때, 대부분의 사람은 한화漢和사전을 사용합니다. 한화사전은 어느 집에나 한 권 정도는 있을 것입니다.

그러나 한화사전을 그다지 사용하지 않는 것이 현실이 아닐까 생각합니다. 한화사전은 익숙해질 때까지 이용하기가 상당히 어려우므로 사용하기가 귀찮아지기 쉽습니다. 일본인은 영일사전 등 외국어 사전은 제법 잘 사용하면서 국어사전은 그다지 사용하지 않으며 한화사전이라면 더 인연이 먼 존재라고 여기는데 이것은 한화사전 찾는 법이 상당히 어렵다는 것이 원인의 하나라고 생각합니다.

일반적인 한화사전에는 음훈색인·총획색인·부수색인의 세 종류의 색인이 있습니다.

당장 어떤 한자를 조사하고자 할 때, 그 한자의 읽는 법을 알고 있다면 망설이지 않고 '음훈색인'을 사용할 것입니다. 음훈색인이라면 찾고자 하는 한자의 읽는 법을 오십음 순서에 따라 찾다보면 쉽게 그 글자를 발견할 수 있습니다. 그러나 한자의 읽는 법을 모르는 경우는 발음으로 찾는 음훈색인은 사용할 수 없습니다.

그렇게 되면 '총획색인'으로 찾거나 '부수색인'으로 찾을 수밖에 없습니다. 그러나 '총획색인' 모두 쉽게 해결할 수 없다는 것을 여러분도 항상 느끼고 계실 것입니다.

불합리한 총획색인

읽는 법은 모르지만 전체획수를 간단히 알 수 있는 경우라면 총획색인을 사용할 수 있습니다.

예를 들어 '卞(변)'이라는 글자를 어떻게 읽는지를 조사하고 싶다고 합시다. 읽는 법을 모르기 때문에 물론 음훈색인은 사용할 수 없습니다. 그러나 이 글자가 전체 4획이라는 것을 알면 간단하게 총획색인의 4획 부분을 계속 찾다보면 곧 이 글자와 마주치게 될 것입니다. 그리고 해당 페이지를 보면, 이것은 'ベン(벤)'이라고 읽으며 의미는 '한자의 윗머리'로 '弁(변)'과 통용되지만 실제로는 거의 중국인의 성씨 정도에 밖에 사용하지 않는다는 것을 알게 됩니다.

그런데 한자의 총획수는 익숙해지기까지는 정말로 어렵습니다. 이전에 내가 아는 지인은 '乙(을)'를 줄곧 2획이라고 생각하고 있었다고 합니다. '乙'은 1획이며, '出(출)'은 5획이라고 알고 있더라도, '凸(철)'과 '凹(요)'가 모두 5획이라는 것을 바로 아는 사람은 그렇게 많지는 않을 것입니다. 하물며 7획인 '亜(아)'의 구자체인 '亞'를 8획으로 세는 등, 한자에 관한 해박한 지식이 있는 사람이 아니면 알기 어렵습니다.

'卍(만)'은 몇 획일까?

더 어려운 질문입니다. 방금 전에 예로 제시한 '卍'은 과연 몇 획일까요? 아마 대부분의 사람은 이것을 5획이라고 계산할 것입니다. 저도 실제로 '卍'을 쓸 때 운필運筆로 계산하면 5획이 됩니다. 그러나 한화사전의 총획에서는 '卍'이 6획 부분에 수록되어 있습니다. 왜냐하면 '卍'은 十(십)의 부수에 수록되며 '卍'에서 十을 빼면 네 개의 짧은 선이 남기 때문입니다. 十은 2획의 부수에 해당하므로 2+4의 결과 6획이 되는 것입니다. 왠지 마술 같은 계산 방법이라고 생각하지 않으십니까?

지금까지의 예에서도 획수 계산이 얼마나 귀찮은 것인가를 알 수 있었다고 생각하지만, 더 성가신 것은 전전戰前과 전후戰後로 총획수가 다른 한자가 있습니다.

종전 직후인 1946년에 '당용한자표當用漢字表'가 제정되었지만,

당시 몇 개의 한자는 글자체가 변경되면서 획수가 바뀌었습니다. 예를 들어 '臣(신)'은 전통적으로는 6획의 부수자로 인식되고 있지만 현재는 7획으로 배웁니다. 이 글자는 원래 '臣'이라고 쓰며 왼쪽 아래의 귀퉁이 부분이 완만한 곡선을 이루어 1획으로 쓰였기 때문에 6획으로 계산되었습니다. 그러나 당용한자에서는 왼쪽 아래의 귀퉁이를 직각으로 하여 2획으로 세기 때문에 전체 7획이 되었습니다. '臣'의 획수가 변한 것과 연동해서 '監(감)'이나 '堅(견)', '賢(현)' 등 臣을 포함한 모든 한자의 획수가 바뀌게 되었습니다.

'牙(아)'는 4획일까? 5획일까?

획수의 문제에서 더 이해하기 어려운 것은 수기手記로 쓰는 해서의 자형과 인쇄에 사용되는 명조체 자형과의 사이에 디자인적인 차이가 있는데, 이것이 가끔 획수의 계산에 큰 영향을 줍니다. 예를 들어 '比(비)'나 '牙(아)'는 현재 일본인이 보통 수기로 쓸 때에는 5획이 되기 쉽지만, 인쇄에 사용되는 명조체에서는 대부분의 경우 '比'라든지 '牙'와 같이 4획으로 디자인되었습니다.

전통적인 형식으로 제작된 한화사전에서는 比와 牙는 모두 4획 부수자로 간주됩니다. 그럼에도 불구하고, 牙를 구성 요소로 하는 '芽(아)'나 '雅(아)'는 당용한자·상용한자에 들어있기 때문에 규범적인 글자체가 정해져 있어, 牙 부분을 5획으로 가르치게 되어 있습니다. 상용한자에 들어있는 '雅(아)'나 '邪(사)'의 牙는 5획이지만, 당용한자에 들어있지 않은 '訝(아)'나 '穿(천)', '鴉(아)'의 牙가 4획이라는 것은 아무리 생각해도 쉽게 이해할 수 없습니다.

'牙(아)'는 초등학교에서 배우지 않는 한자이므로 그렇다고 하더라도 '比(비)'는 초등학교에서도 학습하며, '比例(비례)'라든지 '對比(대비)'라는 숙어는 초·중등학교의 받아쓰기 시험에도 끊임없이 출제됩니다. '比(비)'가 교과서에 인쇄된 모양에서는 어떻게 쓰더라도 5획이 되는데, 한화사전에서는 4획으로 되어 있습니다.

획수라는 것은 그 정도로 복잡하고 성가신 것입니다. 한자의 규범을 제시한 한화사전도 출판사에 따라 획수의 계산 방법에 차이가 있는 것이 있지만 이것은 결코 이상한 일이 아닙니다. 중국에서 출판되고 있는 사전 중에는 총획수를 계산해서 총획색인으로 해당되는 획수 부분을 찾아도 조사하고자 하는 한자를 찾지 못하면 계산한 획수에 1을 더하거나 빼서 찾아보라는 아주 친절한 설명까지 곁들여 놓은 것이 있을 정도입니다.

부수 찾기를 사용할 수 있으면 충분하다

그러한 총획색인보다도 더 성가신 것이 부수색인입니다. 원래이 색인은 조사하고자하는 문자가 소속된 부수를 모르면 전혀 사용할 수 없습니다.

부수색인 사용법은 초·중등학교 국어수업에서도 배우지만, 학교에서 배우는 것은 대부분 아주 간단한 경우뿐입니다. 예를 들면 "'檢(검)'이나 '統(통)'을 한화사전에서 찾으시오"라는 정도라면 소속되는 부수를 간단히 알 수 있습니다. 그것이 '江(강)'이나 '草(초)'이더라도 한화사전의 부수에서 삼수변은 4획인 水(수)를, 초두는 6획인 艸(초)의 부를 찾아야 한다는 것 정도는 대개 알고 있습니다. 그러나 모든 한자의 부수가 그렇게 간단하게 알 수 있다고는 할 수 없습니다. '舒(서)'가 舌(설)부에 있다거나 (亅(궐)부에 들어 있는 사전도 있습니다), '死(사)'가 歹(알)부에 들어있다는 것은 익숙해지지 않으면 좀처럼 떠오르지 않습니다.

부수의 추이推移

부수란 한자를 정리할 때 설정되는 구성요소의 공통 부분을 말하며 대부분의 한화사전은 한자를 부部로 나누어 배열하고 있습니다. 간단하게 말하면 일본어에서 말하는 '삼수변'이나 '손수변', '초두' 등을 부수라고 생각하면 좋을 것입니다.

처음으로 한자를 부수별로 분류한 것은 후한시대(서기 100)의 허신許愼이라는 사람이 만든 『설문해자說文解字』입니다. 『설문해자』는 9,353자가 총 540개의 '부수'로 분류되어 있습니다. 이 방법이 후대의 문자학서文字學書에도 큰 영향을 주어 부에 따라 한자를 분류하여 수록할 수 있게 되었습니다.

부에 따라 한자를 정리하는 방법은 의미가 가까운 한자를 모아 같은 곳에 배치할 수 있다는 장점이 있습니다. 그러나 『설문해자』가 540개의 부를 설정한 것은 역시 너무 많습니다.

『설문해자』에는 총 9,353자가 540개의 부로 수록되어 있기 때문에, 하나의 부의 평균 수록 글자 수는 9,353자를 540으로 나누면 약 17.3자가 됩니다. 게다가 艸(초)나 木(목), 水(수) 등 하나의 부로 수백 자를 수록하는 것도 있기 때문에, 실제로 『설문해자』에는 불과 두 개 또는 세 개의 문자밖에 수록하지 않은 부가 상당히 많이 있습니다.

한편 현대의 표준적인 한화사전에는 부수의 수가 240개입니다. 현재 일본에서 주로 고등학생의 학습용으로 출판된 콤팩트 한화사전의 수록된 한자 수는 대개 10,000자가 채 안 됩니다. 예를 들어 지금 우리 주변에 있는 한화사전에는 가장 마지막 글자의 분류에 8,857이라는 번호가 붙어 있으므로 이 사전에는 8,857자가 수록되어 있는 셈입니다.

타사의 한화사전도 규모가 같다면 수록된 한자 수에 큰 차이는 없을 것이라고 생각합니다. 그러나 이 수록된 한자 수를 부수 숫자 214개로 나누어 보면 41.3이라는 숫자가 나옵니다. 즉 현재 일반적인 한화사전에서 한 개의 부수에 들어있는 글자 수는 평균 41자 전후라는 계산이 됩니다. 동일 부수 내에 수록되어 있는 한자가 적다는 것은 다름이 아니라 사전 내의 한자배열이 복잡하게 되어있다는 것으로, 이것은 찾을 한자를 좀처럼 발견할 수 없다는 뜻입니다.

황제의 명령으로 제작된 『강희자전康熙字典』

현재 일본에서 출판된 한화사전은 대부분 중국 청나라 시대에 제작된 『강희자전康熙字典』을 모델로 하고 있습니다.

『강희자전』은 "완전무결한 자전을 만들라"라는 강희제(청나라 제3대 황제)의 명령에 따라 다수의 학자가 동원되어 국가사업으로 편찬된 총 수록된 한자 수가 4만 7,035자에 이르는 큰 사전입니다. 이 숫자는 결국 일본의 모로하시 데쓰지諸橋轍次 씨가 『대한화사전大漢和辭典』(大修館書店)을 만들기까지는 사전의 수록된 한자 수로서는 최대였습니다(오히려 현재 중국에서는 8만 5,000자를 수록하는 큰 자전이 제작되고 있습니다).

『강희자전』은 황제의 명령으로 만들어졌다는 권위가 있고, 게다가 각 문자에 대한 해설도 기술記述이 풍부하기 때문에, 일본에서도 한자에 관해서 가장 권위 있는 규범적인 자서로서 자주 이용되었습니다. 에도시대에는 여러 번 출판되었으며 메이지 이후 한화사전의 거의 전부가 이『강희자전』의 부수와 배열을 충실히 따르게 되었습니다.

부수법의 변화

540개 부수의『설문해자』부터 214개 부수의『강희자전』까지 부수의 수가 절반 이하로 줄었지만, 이것은 조사하고자 하는 한자를 사전 속에서 보다 간단하게 찾기 위해 개량을 거듭한 결과입니다. 게다가 현재는『강희자전』식의 부수는 찾기가 어렵거나 현대의 자형에는 맞지 않는 점 등의 이유로 특히 초·중학생을 대상으로 하는 사전을 중심으로, 독자적으로 고안하여 부수를 만든 한화사전이 많이 출판되고 있습니다.

이런 경향은 일본뿐만 아니라 중국도 마찬가지로 최근에는 독자의 부수를 만드는 사전이 많아졌습니다.

일본에서 특히 부득이하게 변경된 것은 당용한자가 되어 자형
이 변한 한자의 경우입니다.

'學(학)'이 '学'이 되거나 '樂(락)'이 '楽'으로, '邊(변)'이 '辺(변)'이
된 경우는 부수가 변하는 일은 없지만, 한자에 따라 수록 부수를
바꿀 수밖에 없을 정도로 자형이 변한 것도 있습니다.

'与(여)'와 '旧(구)'

현재 한화사전의 6획에 '臼(구)'부가 있습니다. '臼(구)'는 『설문
해자』이래 계속 부수자가 된 글자로 『강희자전』에서도 6획에 臼
부가 설정되어 있습니다. 지금 우리주변에 있는 사전에는 '臼(구)'
부에는 부수자의 '臼(구)' 이하, '臾(유)', '舁(여)', '舂(용)', '舅(구)' 등
11개의 한자가 분류되어 수록되어 있습니다(별도로 참조용 칼라색인
이 있습니다).

'臼'는 주요 부가 아니며, 그다지 사용되지 않는 한자가 대부분
으로 상용한자는 '흥(興)' 한 개뿐입니다.

이 '臼'부에는 본래 상당히 자주 사용되는 다음의 두 개의 한자
가 들어있습니다. 그런데 그 두 개의 한자는 종전 직후에 제정된
'당용한자표'에 의해 자형이 큰 폭으로 간략화된 결과 다른 부수로
옮겨졌습니다.

두 개의 한자는 '与(여)'와 '旧(구)'입니다. '与'는 원래 '與'라고 쓰이며, '臼(구)'부에 소속되어 있습니다. 다른 한 개인 '旧(구)'도 본래는 '舊'로 쓰였기 때문에『강희자전』등에서는 '臼'부에 포함시켰습니다(덧붙여 말하면 '隹(추)'를 후루토리라고 부르는 것은 '구舊'(후루이)로 사용되고 있으며, 동시에 새의 의미를 나타내기 때문입니다).

그러나 '與(여)'와 '舊(구)'가 '与'와 '旧'로 변하여, '與'나 '舊'를 본 적이 없는 젊은 세대에게 이들 한자를 '臼'에서 찾게 하는 것은 대단히 가혹한 일이라고 말하지 않을 수 없습니다. 그래서 최근의 콤팩트 학습용 한화사전에서는 '与(여)'를 一(일)부의 2획, '旧(구)'를 日(일)부의 1획으로 수록하고 있습니다.『강희자전』식 부수법이 현대 일본에서 소위 버전업 된 것입니다.

'巨(거)'의 부수는?

비슷한 이야기를 하나 더 소개하겠습니다. 이것도 역시 당용한자로 자형이 변한 것인데, 그 변화가 상당히 미묘한 것이어서 일반인은 아마 눈치 채지 못했을 것이라고 생각됩니다. 그래도 한화사전의 부수배열에 있어서는 큰 문제가 되었습니다.

어느 날 귀가하자, 초등학생인 아들이 학원숙제에 몰두하고 있었는데, 그 숙제 내용이 한자의 부수와 획수를 취급한 부분으로,

'다음의 한자가 소속되는 부수의 명칭을 답하시오'라는 문제에서 여러 개의 한자와 함께 '巨(거)'의 소속 부수를 묻고 있었습니다.

"요즈음 수험공부는 상당히 어려운 문제를 내는구나!"라고 감탄하고 있으니, 아들은 초등학생용의 한자사전을 바쁘게 조사하여, 해답란에 '匚(터진 입구)'라고 썼습니다. 옆에서 보고 있던 나는 엄청 놀랐습니다.

"'巨(거)'가 언제부터 '匚'부에 속하는 한자가 된 것일까?" 의아했습니다. 『강희자전』이나 『대한화사전』 등 종래의 전통적인 한자문화의 중추에 위치하는 사전·자전의 종류에서는 '巨'를 '匚'부에서 찾아도 좀처럼 나오지 않습니다. 그러나 일본의 초등학생이 사용하는 사전에는 '巨'가 '匚'부에 분류되어 있는 듯합니다.

그래서 다시 조사해보니, 현재의 많은 한화사전에서 '巨'가 '匚'부에 속해 있었습니다. "이런 시대구나!" 싶어 저도 단념했습니다.

'巨(거)'는 본래 工(공)부의 2획 색인 란에 있는 한자였습니다. '巨'는 원래 '工'＝원을 그리는 기구(컴퍼스)의 중심을 손으로 잡고 있는 모양이며, '矩(구)'(규칙의 의미)의 원자原字입니다. 지금은 '巨'라는 글자체로 되어 있지만, 정확히는 '巨'로 상하의 횡선을 조금 왼쪽으로 비어져 나오게 써야 하므로, '巨'가 工부에 속하는 한자가 된 것입니다.

그러나 '巨(거)'는 '與(여)' 등과 마찬가지로, 당용한자로 글자체가 변경되어 그대로 부수까지 바꾸게 된 것입니다. 글자체 변경과 함께 부수가 바뀐 것은 어쩌면 당연한 것일지도 모릅니다. 그러나 새로운 부수를 배우고 성장한 아이들 중에는 일본이나 중국의 고전 문법이나 역사연구의 길로 나아가는 사람도 분명 있을 것입니다. 그들이 그때가 되어 『강희자전』이나 『대한화사전』 등을 이용하여 한자를 찾는 것은 "분명 참 힘든 일이겠구나!"라고 나는 진심으로 동정하고 있습니다.

제4장

한자의
현재와 미래

1. 한자의 위기 속에서

제2차 세계대전 이후의 국자國字개혁

제2차 세계대전이 종료하자, 세계 각지에서 여러 가지 변화가 일어났습니다. 세계적인 규모로 일어난 큰 사건으로는 동서독일과 남북조선의 분단, 게다가 미국과 소련의 냉전이 시작되었고 그 이외에도 다양한 장르에서 여러 가지 크고 작은 변화가 있었습니다.

그런 중에 동아시아에서의 가장 큰 문화적 변화의 하나로 한자를 국제적인 공통 문자로 사용해왔던 한자문화권이 소멸하기 시작했다는 사실입니다.

중국에서의 문자개혁에 대해서는 앞에서 간단하게 언급하였지만, 일본에서도 전후에 한자의 사용 제한이 강력하게 시행되었습니다. 그 주요 내용은 정부의 공문서나 학교 교과서 또는 신문·잡지 등에서 사용할 수 있는 한자를 일정한 수로 정하고, 글자체를 간단히 하는 것이었습니다. 그러나 일부에서는 한자 사용을 중지하고 가나假名나 로마자로 일본어를 표기하자고 주장하는 사람도 있었습니다.

한자제한·폐지론의 흐름

한자를 폐지하거나 제한해야 한다는 의견은 전전戰前부터 종종 주장되었습니다.

최초로 이 문제를 언급한 것은 우편사업을 창시한 것으로 알려진 마에지마 히소카前島密(1835~1919)로 그는 에도시대였던 게이오 2년(1866), 당시의 장군 도쿠가와 요시노부德川慶喜에게 '한자어폐지지의漢字御廢止之儀'를 상주하고 학습과 기억에 시간이 걸리는 한자를 폐지하여 앞으로의 일본어는 가타카나로 써야 한다는 의견을 제시했습니다. 이 상주문은 일본에서 최초의 한자폐지론이지만, 불가사의하게도 상주문은 많은 한자를 사용하고 있다는 것입니다.

마에지마와 같은 시대에 로마자로 일본어를 써야 한다는 주장도 있었습니다.

메이지 5년(1872)에 도사(현재의 고치현)의 난부 요시카즈^{南部義籌}(1840~1917)가 "서양의 학문을 이루기 위해서는 26자만 알고 문전^{文典}의 뜻을 이해하면 바로 읽지 못할 책이 없다"라고 하며, 국어 표기에 로마자를 사용해야만 한다는 건의서를 제출하였습니다. 이 외에 계몽사상가로 알려진 니시 아마네^{西周}(1892~1897)나, 초대 문부대신으로 근대적인 학교제도를 정비한 것으로도 알려진 모리 아리노리^{森有礼}(1847~1889)처럼 일본어를 중지하고 영어를 사용하자고 주장을 하는 사람까지 있었습니다.

'당용한자표^{當用漢字表}'의 제정

이러한 흐름을 이어 받아 전후 민주주의 국가에 어울리는 국어 표기방법이 모색되고, 여러 가지 제안 중에서 쇼와 2년(1946)에 '당용한자표'가 제정되었습니다. 이것은 "획수가 많은 한자를 아무 제한 없이 사용하는 것은 학습 효율적인 면에서 부담이 상당히 크다"라고 지적한 미국교육시찰단의 의향에 따른 것으로, '당용한자표'는 현대 일본어를 표현하기 위해 사용하는 한자를 총 1,850종으로 제한하였습니다.

이 표가 만들어지자, 정부의 공문서나 학교 교과서, 또는 신문 등에서는 '당용한자표'에 들어 있는 한자만을 사용하도록 규정되었습니다. 당용한자는 공적인 장소에 있어서 한자 사용 제한의 기능을 했지만, 소설이나 일반 출판 등 민간 계층에서는 이 규정이 그다지 엄밀하게 지켜지지 않았습니다.

그 이유는 '당용한자표'에 들어있지 않은 한자를 사용하는 경우는 비슷한 뜻의 다른 한자로 바꾸거나 혹은 히라가나로 쓰는 것이 바람직하다는 생각이었지만, 소설 등의 문학작품에는 1,850종 정도의 한자로는 너무나 부족하였기 때문입니다.

덧붙여 말하면, 앞에 언급한 다른 말로 바꾸거나 히라가나를 쓴 결과로 만들어진 유명한 예로 '推理小說(추리소설)'이라는 표현이 있습니다.

이것은 본래 '探偵小說(탐정소설)'이라고 해야 되는데 당용한자표에 '偵(정)'이 들어있지 않아서 쓸 수 없었기 때문에, '探偵小說(탐정소설)'을 대신하여 '推理小說(추리소설)'이라는 표현이 만들어졌습니다.

기계로 쓸 수 없는 문자

제2차 세계대전 후 진주군進駐軍의 통치가 시작되고, 국내에 만연한 서양 근대문명 숭배의 영향으로 한자에 대해, '딱딱하고 고리타분하다'라는 이미지가 정착해 버렸습니다. 현대풍으로 말하면 '촌

스러운 문자'로 생각되었습니다.

제가 한자에 흥미를 가지기 시작한 것은 그로부터 얼마간의 시간이 흐른 1965년 전후로 당시에는 한자의 형세가 더 나빠지고 있었습니다.

고도 경제성장에 성공한 일본은 동경에서 올림픽이 개최된 것을 계기로 본격적으로 국제사회에 참여하기 시작했습니다. 동서의 냉전 구조 속에서 서측에 속한 일본은 경제계는 물론 문화면에서도 근대 서양문명에 동경을 가지고, 미국이나 프랑스 등의 문화나 물건의 도입에 열중하고 있었습니다. 가전 관련이나 자동차 생산에 이어, 기업은 구미 진출을 본격적으로 시도하였고 코카콜라와 청바지를 탄생시킨 미국 문화가 일본을 남김 없이 다 뒤덮어 버린 시대였습니다. 패전의 황폐에서 겨우 일어난 일본이 세계의 비즈니스계에 뒤늦게나마 데뷔하여 전후의 낙후를 회복하려는 맹렬한 경제 활동을 전개하기 시작하였습니다. 그때에는 동양의 전통적인 문화를 되돌아보는 풍조는 거의 없었습니다.

특히 비즈니스계로부터 한자는 눈에 가시가 되었습니다.

서양에는 타자기라고 하는 일본에는 존재하지도 않는 문방구가 있었습니다. 바다 저편의 비즈니스 사회에서는 "타자기를 이용해 대량의 문서를 신속하고 아름답게 처리하고 있다. 사람이 이야기하는 것과 거의 비슷한 정도의 속도로 타이핑을 하고, 이야기가 끝난 순간 내용이 타자로 인쇄되는 곡예까지도 가능하다. 그러나 일본에서는 한자와 가나를 섞어, '매매장부'에 붓으로 쓰고 있는 한 아무리 문자 필사가 빠른 사람일지라도 속도나 능률 면에서 절대적으로 그들을 따라 잡을 수 없다. 또 해외 지점과도 알파벳을 사용하는 '인쇄전신기teleprinter'라면 전화 회선을 사용하여 문장을 상대방에게 보낼 수 있지만, 한자나 가나는 전화 회선으로 통신을 할 수 없다. 그런 문자는 지금 사장시켜 버리는 게 제일이다……". 이것이 비즈니스계의 이론이었습니다. 전자메일은 고사하고 팩스조차 아직 없었던 때의 이야기입니다.

근대 산업발전의 관점에서는 타자기나 인쇄전신기 등의 기계로 취급할 수 없는 한자는 서양의 알파벳과 비교하면 훨씬 뒤떨어진 단계에 있다고 인식되었습니다. 그래서 일본에서는 비즈니스계를 중심으로, "그런 비근대적인 문자를 이제부터는 되도록 사용하지 말자"라는 한자 제한론과 더 나아가 "히라가나나 가타카나, 또는 로마자만으로 일본어를 쓰도록 해야 한다"라는 한자폐지론이 주창되기에 이르렀습니다.

'한자는 곧 소멸한다'라는 취지를 서술한 몇 종류의 책이 저명한 학자에 의해 간행되었습니다. 나 자신도 고등학교 국어 수업에서

"한자는 금세 사라지므로, 여러분이 이렇게 한자 받아쓰기시험 때문에 괴로움을 겪는 일도 앞으로는 없을 테니 조금만 참으면 된다"라고 선생님이 당당히 공언한 것을 들은 기억이 있습니다.

그러나 한문이나 세계사 수업에서 배우는 고대 중국의 대범한 낭만과 유구한 역사를 동경하여, 대학에서 중국 문화를 배우고 싶다는 바램을 갖고 있던 나는 "한자가 사라지게 되면 재미없고, 일본어를 읽고 쓰는 것도 곤란하겠지"라는 마음을 가지고 있었습니다. 세상의 여론이나 일부 선생님의 이야기를 듣고 있으면 "머지않아 로마자나 가나만으로 일본어를 쓰게 될 것 같지만, 그런 전보電報 같은 일본어를 읽게 되는 것은 참을 수 없으며, 지금까지의 일본이나 중국의 전통적 문화의 계승은 도대체 어떻게 되는 것일까?"라는 막연한 불안까지 느끼고 있었습니다.

전보電報 일본어

일반 가정에 전화가 보급되지 않았던 시대에는 한자를 전혀 사용하지 않고, 전부 가타카나로 쓰인 일본어가 제법 친근한 것이었습니다. 그것이 전보입니다.

중·고등학생은 물론, 초등학생이 휴대전화를 휴대하는 것이 드물지 않은 지금은 거짓말 같은 이야기이지만, 1960년대부터 1960

년대 전반에 걸쳐 전보는 아주 중요한 긴급 통신 수단이었습니다.

지금의 전보는 오로지 경조용으로, 정확히 한자가나 혼용문이지만, 초기의 전보는 전기 신호로 모스부호를 보내고, 수신 측에서는 음의 장단을 문자나 숫자로 번역해서 배달하는 구조로 되어 있었습니다. 모스 부호는 원래 무선으로 알파벳을 송신하기 위해 개발된 기술이며, 일본은 그것으로 가타카나를 보낼 수 있도록 개량했지만, 당시의 통신 기술로는 송신할 수 있는 문자의 종류가 한정되어 있었습니다. 때문에 아주 많은 종류의 문자를 필요로 하는 '한자가나 혼용문'을 전보로 보내는 것은 전혀 생각지도 못했습니다.

전보로는 가타카나밖에 사용할 수 없었습니다. 그러나 일본어에는 동음이의어가 많이 있기 때문에, 가타카나만으로 쓰인 일본어는 상당히 읽기 어려웠습니다. 단순히 읽기 어려운 것이라면 참으면 되지만, 가나만으로 쓰인 문장에는 곤란하게도 오독의 가능성이 자주 발생합니다.

일찍이 잘 알려진 예문이지만, 'フタエ(二重)ニマゲテクビニカケルジュズ'는 '二重に曲げて首にかける数珠(이중으로 감아 목에 거는 염주)'와, '二重に曲げ手首にかける数珠(이중으로 감아 손목에 거는 염주)'의 두 가지의 읽기를 생각할 수 있습니다. 또 'キョウハイシャニイク'에도 '今日は医者に行く(오늘은 의사한테(병원) 간다)'와 '今日

歯医者に行く(오늘 치과에 간다)'의 두 가지 해석이 가능합니다.

한자를 폐지한다는 것은 다름이 아니라 이러한 일본어만을 읽고 쓴다는 것입니다. 물론 가나쓰기 할 때 단어마다 띄어쓰기 한다거나, 동음이의어를 가능한 한 사용하지 않는 등 쉽게 읽을 수 있도록 하는 방법이 제안되고는 있습니다. 그러나 전체적으로 읽기 어려운 문장인 것에는 변함이 없습니다.

휴대전화와 한자가나 혼용문

가타카나만으로 쓰인 문장의 난독성을 생각하면, 한자가나 혼용문이 얼마나 뛰어난 방법인지를 알 수 있습니다. 저는 그것이 실제 현재의 휴대전화의 폭발적인 유행과도 관계있다고 생각하고 있습니다.

조금이라도 시간이 허락되면 휴대전화로 메일을 보내는 사람이 지금 급증하고 있습니다. 전차 안이나 혹은 거리에 선 채, 정말로 촌각이 아깝다는 듯이 매일 많은 사람들이 작은 전화기를 사용해 전자메일을 정신없이 쓰고 있습니다.

전자메일은 '일방통행'이므로 상대방이 식사 중이거나 목욕 중일지라도 일체 상관없이 발신할 수 있습니다. 또 소리가 안 나도록 설정해 두면 강의 중에도 메일을 주고받을 수 있습니다. 조용히 강의를 듣고 있다고 생각하지만, 친구와 메일을 주고받는 것을 즐기고 있는 예의 없는 학생이 제가 근무하고 있는 대학에도 꽤 있습니다.

이 휴대전화가 보급되기 전에 '호출기'라는 것이 유행한 적이 있었습니다. 성냥갑 정도의 작은 기계로, 가타카나와 숫자만으로 쓰인 문장을 주고받을 수 있는 것이지만, 호출기는 일부 고등학생 사이에서 조금 유행했던 정도로, 일반사회에는 거의 보급되지 않았습니다.

호출기가 바로 모습을 감춘 것에 비해 현재 휴대전화는 전 국민의 두 명 중 한 명은 가지고 있을 정도로 사회에 널리 보급되었습니다. 그리고 휴대전화를 들고 있는 사람의 대부분이 전화기능뿐만이 아니라 메일로도 사용하고 있다고 합니다.

모두 똑같이 전화 회선을 사용해서 상대방에게 메시지를 보내는 기계인데 호출기와 휴대전화의 보급률의 차이는 도대체 어디에 원인이 있는 것일까요? 저는 그것은 한자를 사용할 수 있느냐의 여부에 달려 있다고 생각합니다. 대부분의 일본인은 "한자를 사용할 수 없는 '메일 발신기' 따위는 어차피 장난감이다"라고 호출기를 취급하고 있었던 것입니다.

'고리타분한 문자'

이야기를 처음으로 돌리겠습니다. 매우 막연한 형태이기는 하지만 제가 한자의 우수성을 느끼고 있던 고교시절, 왕성하게 주장되는 한자제한론에 좀처럼 친숙해지지 않았습니다.

1950년대부터 1960년대에 학교교육을 받은 사람이라면, 정도의 차이는 있을지라도 일본어를 표기하는 문자로 한자를 사용하는 것에 대해 비판을 들은 적이 한두 번은 있을 것입니다. 이 시대의 사람들은 일본어를 표기할 문자로 한자의 사용 여부가 논의되었던 시대를 경험하고 있습니다.

그러나 그렇게 왕성하게 논의되었던 한자제한론·한자폐지론이 지금은 거의 들리지 않게 되었습니다. 그리고 한자제한론·폐지론이 들리지 않게 된 결과 젊은 세대들은 일본어를 표기할 때 한자를 사용하는 것에 대해서 어떤 의문도 가지지 않게 되었습니다.

물론 알파벳이나 가나보다 훨씬 복잡해서 외우기 어렵고, 게다가 아주 많은 종류의 문자를 기억해야만 하는 한자 따위는 싫다는 사람이 지금도 많습니다.

그것 자체는 옛날부터 변하지 않았고 오히려 증가하고 있는지도 모릅니다. 그러나 한자를 싫어한다고 해서, 한자를 전혀 사용하지 않고, 로마자나 가타카나만으로 일본어를 표기하려고 한다면 지금은 논리가 전개될 수 없습니다.

한자가 좋든 싫든 지금의 젊은 세대에게는 한자가 처음부터 일본어 표기를 위한 대체불가능한 문자로 존재하고 있습니다. 현재 일본인에게는 한자를 다른 문자 체계와 바꾸려는 생각은 아예 없어졌습니다. 이것이 최근 몇십 년간 일본에 있어서 한자 문제에 관한 가장 큰 변화라고 말할 수 있겠지요.

2. 컴퓨터와 한자문화

당용한자當用漢字에서 상용한자常用漢字로

이야기를 조금 급하게 한 것 같습니다.

일본어에서 한자가 있어야 할 방향을 둘러싸고 1950년대에 국어심의회를 무대로 격렬한 논의가 있었으며, 그 결과 1981년에 '상용한자표'가 제정되고 동시에 종래의 규범이었던 '당용한자표'가 폐지되었습니다.

'상용한자표'에는 총 1,945 종류의 한자가 수록되어있어, 사용할 수 있는 한자가 '당용한자표'보다 95자가 증가하였습니다. 그러나 보다 큰 변화는 글자 수가 증가한 것보다도 당용한자표가 '제한'인 반면 상용한자표는 한자 사용의 '기준'을 보여주기 위해 만들어졌다는 점입니다.

'기준'이라는 것에 대해서 '상용한자표'의 전문前文에는 "법령·공용문서·신문·잡지·방송 등 일반 사회생활에서 사용할 경우 효율적이고 공통성이 높은 한자를 수록하여 이해하기 쉽고 통하기 쉬운 문장을 표기하기 위한 한자사용의 기준"이라고 표기되어 있습니다.

이와 같은 '제한'에서 '기준'으로의 변경은 상당히 중요한 의미를 가지는 것이었습니다. 예를 들어 유원지의 롤러코스트에 "신장 150센치 이하의 사람은 탈 수 없습니다"라고 규정되어 있다면, 이것은 제한이지만 "탑승자의 신장은 150센치를 기준으로 합니다"라고 한다면 148센치의 사람도 탈 수 있는 가능성이 있습니다. 그것과 동시에 상용한자가 되고 나서는 경우에 따라 표에 들어있지 않은 한자(이것을 '표외자表外字'라고 합니다)를 사용해도 좋다는 의미로 실제로 현재 각 신문사는 독자적인 규정을 설정해 표외자를 사용하고 있습니다.

예를 들어 2001년에 일어났던 미국의 테러사건에 사용된 '탄저균炭疽菌'과 관련해서 '疽(저)'라는 표외자가 신문이나 TV에 사용되었으며, 이듬해에는 북조선에 의한 '납치사건拉致事件'이 큰 화제가 되었지만, '疽(저)'와 '拉(납)'은 모두 상용한자에 들어있지 않습니다. 그러나 여전히 신문에는 이들 한자가 분명히 사용되고 있습니다.

한자사용의 기준이라고 하여도 모든 한자를 자유롭게 사용해도 좋다는 것은 아닙니다.

'상용한자표'에서는 '기준'에 대하여, 주註를 달아 "이 표를 무시하고 원하는 대로 한자를 사용해도 좋다는 것이 아니라 이 표를 노력 목표로 하여 존중하는 것이 기대된다"라고 언급하고 있습니다. 그 반면에 "이 표를 기준으로 실정에 맞게 독자적인 한자사용의 약정을 각각 작성하는 등 분야에 따라 이 표의 취급에 차이가 생기는 것을 방해하지 않는다"라고 말하고 있습니다. 즉 이 표는 일상적으로 사용할 한자의 완만한 표준을 제시한 것이라고 생각됩니다.

'기준'을 어떻게 정할까?

한자 사용을 방치하면 불필요한 부분까지 한자를 다용하는 사람이 있습니다. 또한 자신은 많은 한자를 알고 있다는 것을 과시하기 위해서인지 다른 사람은 도저히 읽을 수도 없는 어려운 한자를 사용하여 문장을 쓰는 사람이 나타날지도 모릅니다. 그래서 "한자의 사용에는 일정한 제동 장치가 필요하다"라는 의견이 주창되면서, 그리하여 기준으로 정해진 것이 '상용한자표'였습니다.

'기준'으로 제정되면서 당용한자에서의 사용 제한이 상당히 완화되었습니다. 그러나 상용한자를 제정하였을 때에도 한자를 더 제한해야 한다는 의견이나 혹은 한자를 전면적으로 폐지하여 가나나 로마자로 써야 한다는 주장도 일부에서 시끄럽게 주창되고 있었습니다. 그런 시대의 산물이므로 지금의 눈으로 상용한자를 보면 극히 기본적인 한자라고 생각되는 것도 거기에 들어있지 않은 경우를 많이 발견할 수 있습니다.

예를 들어 일본지명 '福岡(후쿠오카)'의 '岡(강)'이나 '函館(하코다테)'의 '函(함)'이 포함되어 있지 않습니다. '목'을 의미하는 '咽喉(인후)'도 둘 다 '표외자'입니다. 표외자는 가능한 한 가나로 쓰는 것이 바람직하다는 것이 상용한자표의 정신입니다. 그렇다고 해서 예전부터 홋카이도北海道와 혼슈本州를 이은 배의 항로인 '青函連絡船(青森와 函館 사이를 왕복하던 연락선)'을 '青かん連絡船'이라고 쓰는 경우는 없습니다. 또한, 귀와 코와 목의 질병을 전문으로 치료하는 병원 현관에 '耳鼻いんこう科'라고 쓴 간판을 본 적도 없을 것입니다.

'상용한자표'는 현재 일본의 한자사용 실태를 완전하게 반영한 것은 아니며, 여기에 들어 있는 한자만으로는 절대적으로 부족하다는 것이 우리들이 일상적으로 경험한 그대로입니다. '상용한자표'가 정해진 것은 벌써 20년 이상이나 지난 일로 그 이후에도 일본어는 계속 변화하고 있습니다. 이쯤에서 '상용한자표'를 다시 검토할 필요가 있는 것은 아닐까요?

컴퓨터로 처리되는 한자

1981년에 '상용한자표'가 제정되는 한편, 전자공업기술의 눈부신 발전에 따라, 같은 시기에 컴퓨터로 한자를 처리할 수 있게 되었습니다.

컴퓨터에 의한 한자 처리는 원래 전력회사나 가스회사, 생명보험회사 등 상당히 많은 고객을 보유하고 그 데이터를 수시로 신속하게 처리해야하는 회사의 요구에 따라 개발이 진행되었습니다. 그들 회사는 고객의 데이터 처리를 위해 일찍이 대형 컴퓨터를 도입하고 있었지만 처음에는 데이터를 가타카나로 처리하고 있었습니다. 당시의 컴퓨터로는 한자를 사용할 수 없었으므로 그것은 어쩔 수 없는 조치였습니다. 그러나 한자를 사용하여 업무 처리를 하고자 하는 사용자의 요구가 강해지면서, 기술의 발전이 그에 부응하듯 일정량의 한자를 컴퓨터로 처리할 수 있게 되었습니다. 여러분의 부모님 중에는 자택으로 발송되는 가스나 전기 청구서, 그외 영수증 등에 가타카나로 쓰였던 주소와 이름이 어느새 한자로 바뀐 것을 눈치 챈 분도 많으실 것입니다.

컴퓨터로 많은 한자를 처리할 수 있게 되자 이번에는 각각의 한자에 주어진 코드가 컴퓨터를 생산하는 대기업 사이에서 제각각인 것이 문제가 되었습니다. 코드라고 하는 것은 각각의 한자에 붙여진 등번호^{背番號} 같은 것이라고 생각하면 좋을 것입니다.

예를 들어 A사의 컴퓨터에 '1234'라는 코드를 보내면 '山(산)'이 나오는데, 같은 코드를 B사의 컴퓨터가 받으면 '川(천)'이 나오는 상황이라면 큰 혼란이 일어납니다. 그래서 컴퓨터라는 공업제품으로 한자를 취급할 때의 규격을 통일할 필요가 생겨, 1978년에 일본공업규격^{Japanese Industrial Standard} 으로 '정보교환용 한자부호계^{情報交換用 漢字符號系}'가 정해졌습니다.

이것을 일반적으로 JIS한자규격 혹은 JIS코드라고 부르고 있습니다.

이에 따라 약 6,300개의 한자(정확하게는 제1수준에 2,965자, 제2수준에 3,390자, 합계 6,355자가 있습니다)가 모든 회사의 기계에서 똑같이 처리할 수 있게 되었습니다.

워드프로세서 · 컴퓨터로는 쓸 수 없는 한자

JIS한자코드가 처음으로 제정되고 나서 지금까지 이미 20년 이상 시간이 지났습니다.

컴퓨터로 한자를 취급한다고 해도 처음에는 엄청나게 큰 기계로 대기업의 공장 내의 특별히 설치된 '클린 룸' 안에서 흰 옷을 착용한 엔지니어들만이 조작하였기 때문에 일반인과는 거의 관계가 없었습니다. 그러나 마침내 반도체 기술이 급속하게 진보하여 컴퓨터가 소형화되고, '워드프로세서'라는 일본어를 쓰기 위한 전용 소형 컴퓨터가 저가로 보급됨에 따라서 엔지니어뿐만 아니라 사업가나 연구자, 더 나아가서는 학생이나 주부까지 워드프로세서를 사용해 문장을 쓰게 되면서, JIS코드에 관련된 문제점이 여러 가지로 지적되기에 이르렀습니다.

그중에서도 자주 언급되는 것은 'JIS에는 필요한 한자가 들어있지 않다'라는 것입니다.

제가 전문으로 하는 중국고전 연구 분야에는 그런 한자가 많이 있는데, 예를 들어 육조시대六朝時代 은자집단隱者集團인 '죽림칠현'의 한사람인 혜강嵇康의 '嵇(혜)'를 컴퓨터로는 쓸 수 없습니다. 또 근대 일본문학을 전공하는 친구는 '아방열차阿房列車' 등의 명작으로 알려진 우치다 햣켄內田百閒의 '閒(한)'을 쓸 수 없다고 불평하고 있습니다. 현대중국 연구자도 마찬가지로 일찍이 중국의 실력자였던 등소평 씨의 성에 쓰이는 '등鄧'이나 홍콩香港에 인접한 경제개발지구인 '심천深圳'의 '천圳'이 JIS코드에 없는 것은 연구자뿐만 아니라 신문이나 잡지의 기자에게도 매우 곤란한 사태입니다.

불교 연구자에게도 사태는 심각하여 불교경전을 컴퓨터·워드프로세서만으로 쓰는 것은 거의 불가능합니다. '색즉시공, 공즉시색色卽是空,空卽是色'으로 알려진 『반야심경』은 겨우 270자 정도의 짧은 경전이지만 그것조차 JIS코드에 없는 한자가 두 개 있다고 합니다.

중국 관계나 불전에 관련된 문장을 쓰는 사람에게 있어서 JIS코드는 여러 가지 성가신 문제를 안고 있습니다. 예전의 손글씨 시대라면 어떤 한자라도 쓸 수 있었습니다. 설사 그것이 허자虛字 또는 본인이 임의로 만든 글자라도 쓰려고 하면 자유자재로 쓸 수 있었습니다. 그러나 컴퓨터·워드프로세서로는 쓸 수 없는 한자는 절대로 쓸 수 없습니다. 그리고 상대가 기계인 만큼 더 다루기 곤란합니다.

한자는 어느 정도 필요할까?

자기 자신이 곤란한 경우에는 누구나 큰 목소리로 외치고 싶기 때문에 "컴퓨터·워드프로세서에서 사용할 수 있는 한자의 수가 너무 부족하다"라는 의견을 요즈음 자주 주장합니다. 그러나 컴퓨터·워드프로세서를 사용하는 모든 사람이 중국고전이나 불교 연구자는 아니며 JIS코드에 없는 한자를 빈번하게 쓰는 것은 아닙니다.

사회에서 보통 컴퓨터·워드프로세서가 사용되는 경우는 학생이라면 리포트나 논문 작성일 것이고 상점이나 회사라면 업무일지라든지 회의 자료 등 사업에 필요한 문서를 만들기 위해서라고 생각됩니다.

최근에는 대부분의 가정에서 워드프로세서나 컴퓨터가 있지만 가정용의 용도로는 연하장이나 문안안부용 엽서 제작 결혼·출산·이사 등의 통지, PTA의 회합 안내 마을회에 관한 각종 연락 정도에 사용할 것입니다. 이러한 극히 일반적인 일본어 문서를 작성하는 것이라면 JIS에 수록된 약 6,300자로 충분한 것입니다.

그렇다면, 우리들에게 있어서 필요한 한자 수는 도대체 어느 정도일까요?

일상생활에 필요한 한자라고 해도 나라와 시대에 따라 다르고,

동시대 같은 나라에서도 문자를 사용하는 인간의 환경에 따라서도 큰 차이가 있습니다.

넉넉하게 어림잡아도 현재 출판되고 있는 일반적인 한화사전에 수록되어 있는 약 10,000자의 한자가 모두 필요하지 않다는 것은 지금까지의 경험으로 확실합니다.

일본 초등학교에서는 6년간 배울 한자 수가 1,006자로 정해져 있습니다. 이것은 초등학교 생활과 관련된 사항을 나타내는 중요한 한자만으로 편성되어, '교육용 한자'라고 불립니다.

초등학교에서 배우는 한자가 약 1,000자, 일반 사회에서 문자 사용의 기준인 '상용한자'가 1,945자(교육용 한자는 이 속에 모두 포함됩니다), 그 이외에 '인명용 한자'가 284자가 있습니다. 따라서 현재 일본에서는 대략 2,000개 남짓의 한자를 사용할 수 있다면 사회생활을 하는 데 불편하지 않다고 일단 생각할 수 있습니다.

그러나 '炭疽菌(탄저균)'이나 '耳鼻咽喉科(이비인후과)' 등의 예를 포함하면 그럭저럭 3,000자 정도 있으면 일상적 용도는 충분할 것이라는 것이 나의 감각입니다.

한자의 권리 회복

일찍이 한자는 기계로 쓸 수 없는 문자였습니다. 그러나 기술자의 노력에 의해 지금은 손바닥에 들어가는 작은 휴대전화로도 6,000자 이상의 한자를 간단한 조작으로 화면에 표시할 수 있게 되었습니다.

'한자를 쓸 수 있는 전자식 타자기'가 워드프로세서라는 이름으로 처음 발매된 것은, 1970년대 말기의 일이었습니다. 처음에는 600만 엔 이상이나 했지만 기술이 진보하여 컴퓨터의 소형·저가화가 눈부신 기세로 진행됨에 따라 컴퓨터가 사무실뿐만 아니라 지금은 가정 내에까지 침투했습니다. 그것과 동시에 기계로 한자와 가나 혼용문을 쓰는 것이 일반화되었습니다.

컴퓨터·워드프로세서라는 기계의 등장으로, 일본어 표기는 사상초유의 변화가 일어나고 있습니다. 그리고 지금까지 '까다로운 것'으로 계속 제한되어 왔던 한자는 워드프로세서에 의해서 완전히 제자리로 돌아왔다고 말할 수 있습니다.

컴퓨터나 워드프로세의 사용으로, 지금까지 경원시되었던 한자에 대해 친근감을 느꼈다는 사람이 많이 있습니다. 그러나 컴퓨터로 쓴 문장에는 불필요한 곳까지 한자가 많이 사용되는 것도 사실입니다.

컴퓨터의 기술은 앞으로도 점점 발전할 것이고, 그에 따라 앞으로 일본인의 한자에 대한 인식은 아마도 확실히 변화해 갈 것이라고 생각합니다.

기계로 쓴 일본어를 둘러싸고 지금까지 이미 여기저기에서 논의되어 왔습니다.

그러나 컴퓨터와 한자의 관계가 어떻게 될지라도 결국 가장 중요한 것은, "문장이라는 것은 스스로 쓰는 것이다"라는 당연한 사실에 귀결할 수밖에 없습니다.

일본어의 표기에 관해서 지금 가장 강하게 요구되고 있는 것은 문장을 쓰는 사람 각자가 자신의 언어적 주체성을 확실히 확립하는 것입니다. "문장이라는 것은 기계가 써주는 것이 아니라 스스로 쓰는 것이다"라는 당연한 사실이 앞으로도 계속 지속된다는 것을 부디 잊지 마시길 바랍니다.

맺음말 / 한자는 정보화 사회의 국제문자

　우리들은 일본어를 읽고 쓸 때 항상 한자를 사용합니다. 또한 한자는 오랜 옛날 중국에서 전해져 온 문자이며 또한 지금 중국이나 한국에서도 한자를 사용하여 문자를 읽고 쓰는 것은 지식으로 알고 있습니다.

　그것 자체는 물론 틀림없는 사실이지만, 한자를 이해할 수 있는 민족은 일본인과 중국인 나아가 한국인 정도밖에 없다고 생각합니다. 그러나 과연 그럴까요?

　본문 중에도 기술하였지만, 원래 중국의 언어를 글로 써서 나타내기 위해 만들어진 문자가 언어적으로 완전히 다른 일본어를 표기하는 것에도 사용할 수 있었던 것은 한자가 표의문자였기 때문입니다. 표의문자야말로 '山'이라는 한자의 중국어 발음을 모르더라도 일본인은 그 글자에 '야마'라는 읽는 법(훈독)을 적용할 수 있었던 것입니다. 그것과 마찬가지로 만약 미국인이 '山'이라는 한자를 '마운틴Mountain'이라고 읽더라도 그것은 전혀 이상하지 않습니다. 만약 한자를 아는 미국인끼리라면 "오늘은 바다에 간다"라는

의미의 문장을,

Today I will go to the 海.

라고 써서 메일로 보내더라도 의미가 통할 것입니다.

　지금의 예는 물론 극단적인 예로 분명히 말해 폭론입니다. 실제 영어에서 그런 문자사용법이 행해질 리는 없습니다. 그렇다면 𠨧 와 𠨤라는 갑골문자는 어떨까요?

　두 개의 문자에는 좌측에 모두 𠧢라는 모양이 있지만 이것은 단 상에 진수성찬이 수북이 쌓아올려진 모양을 나타내고 있습니다.

　우선 𠨧은 무릎을 꿇은 인간이 입을 크게 벌리고 금방이라도 그 음식에 달려들어 물어뜯으려는 형상을 나타내고 있습니다. 그 래서 이 글자는 '지금 곧·머지않아'라는 의미로 사용되며 지금의 한자로 '卽(즉)'이 됩니다.

　한편 𠨤는 그것과 반대로 무릎을 꿇은 사람이 입을 음식과 반 대로 등을 돌리고 있는 모양을 나타내고 있습니다. 이 사람은 배가 불러 더 이상 음식을 먹을 생각이 없는 듯합니다. 그래서 이 글자 는 '일이 이미 종료되었다'라는 것을 의미하게 되며, 이 문자를 지 금의 자형으로 고치면 '旣(기)'가 됩니다.

이 두 개의 문자는 입이 향하고 있는 방향의 차이에 따라 다른 의미를 나타내고 있지만, 이것은 일본인이나 중국인뿐만 아니라 알파벳을 사용하는 미국인이더라도 아라비아문자를 사용하는 이집트인이더라도 키릴문자를 사용하는 러시아인이더라도 똑같이 이해할 것입니다.

이와 같이 특정한 언어에 의존하지 않고 만인에게 똑같은 의미를 전달하는 것으로, 픽토그램^{pictogram}이라는 매체가 흔히 알려져 있습니다. 예를 들어 극장이나 호텔의 계단에는 자주 '비상구'를 나타내는 픽토그램이 붙어있습니다. 한 사람의 인간이 빛이 들어오는 방향을 향해 달려가는 형상을 하고 있는 기호입니다. 또 고속도로를 달리고 있으면, 나이프와 포크를 나란히 놓은 표지가 보입니다. 그것은 레스토랑의 소재를 나타내고 있는 것입니다. 게다가 각종 이벤트 모임에서는 '?'를 크게 그려서 인포메이션 센터의 장소를 나타내고 있는데, 이것도 픽토그램의 일례입니다.

픽토그램은 의미를 시각적으로 전달하기 때문에, 사전 지식이 없어도 그 모양으로부터 의미를 순간적으로 이해할 수 있습니다. 또한 문자 정보에 비해 멀리서 한 번 본 것만으로도 내용을 바로 이해할 수 있다는 특성도 있습니다. 게다가 특정 언어에 기초하여 기록되는 문자가 아니기 때문에 올림픽 경기장이나 국제공항 등 다양한 언어를 사용하는 사람들이 모이는 국제적인 장소에서는 가장 효과적인 정보 전달 수단이라고 말할 수 있을 것입니다.

앞으로의 정보사회에 있어서 정보를 전달하는 수단으로 가능한 한 간소한 형태로 효율적으로 의미를 전달할 수 있는 것이 필요하게 되었습니다. 거기에는 픽토그램이 최적이지만 또한 잘 생각해 보면 사실은 그 외에 또 하나, 그 조건에 딱 맞는 것이 아주 가까운 곳에 있습니다. 그것은 다름 아닌 한자입니다.

예를 들어, 사람의 발이 울타리 안에서 나오려고 하는 형상을 나타내는 (갑골문자의 出(출)) 등은 조금 가공하면 '出口(출구)'를 나타내는 표시로 충분히 사용할 수 있지 않을까요?

한자 중에는 구체적인 사물의 모습을 묘사한 상형문자가 많이 포함되어 있는데, '山(산)'이나 '川(천)', '亀(귀)', '鳥(조)' 등은 지금도 사실성이 잘 남아 있습니다. 한자는 3,000년 전 중국인이 만든 픽토그램이라고 말해도 좋을 것입니다. 그것은 우리들 한자문화권뿐만 아니라 세계 여러나라 사람들에게 충분히 유용한 정보 전달 매체이며, 현대사회의 정보 전달 수단으로 사용하지 않을 수 없을 것이라고 생각합니다.

한자는 앞으로의 정보 시대에 국제사회에서 가장 큰 활약이 기대되는 문자라고 말할 수 있을 것입니다.